知っておきたい

日本の古典芸能

浪曲・怪談

瀧口 雅仁 編著

丸善出版

はじめに

みなさんは『文七元結《ぶんしちもっとい》』や『赤穂義士伝《あこうぎしでん》』、『勧進帳《かんじんちょう》』に『壺坂霊験記《つぼさかれいげんき》』といった作品名や、その内容といったものをご存知でしょうか。

ここで挙げた作品が演じられる、日本を代表する芸能である歌舞伎《かぶき》・落語・講談・浪曲《ろうきょく》などには、日本人が古来から持ち続ける、〝日本人らしい〟心情や生き方といったものが色濃《こ》く描《えが》かれてきました。

この巻で紹介する浪曲は「節《ふし》」と呼ばれる歌の部分と、「啖呵《たんか》」と呼ばれる語りの部分で構成される芸能です。七五調のリズムとテンポで登場人物の心情や行動をうなり上げる芸は、明治から昭和にかけて大変な人気を呼びました。そこで描かれるのは、学校で学び、先人《せんじん》から教わる道徳的なものばかりでなく、時には侠客《きょうかく》（博打《ばくち》などを生活の糧《かて》にする無法者とはいえ、困っている人や苦しんでいる人を助けようとする心と行動を掲《かか》げて生きた人たち）の世界に生き、権力者や身分の上の人に盾突《たてつ》くように、弱きを助け強きをくじく人物が活躍《かつやく》する物語もあり、浪曲はそうした人々の姿を楽しむ芸能でした。

また怪談《かいだん》は、幽霊《ゆうれい》やお化《ば》けが登場する物語ですが、ホラー作品があふれる今、それらを聴《き》いて怖《こわ》さを感じることは少ないかも知れません。しかし、実は怪談の怖さは、みなさんの心に潜《ひそ》んでいます。他人に対する嫉妬《しっと》（やきもち）や羨望《せんぼう》（うらやましいと思うこと）、何かを言われたときに感じる怒りや裏切《うらぎ》り……。そうしたものがやがて恨《うら》みへと転じ、一つの事件が起こるように、物語を聴いていて、ふと自分にも経験がある一連の行動や心情が、登場人物のものと重なり合ったときに見えてくる怖さこそが、怪談の怖さなのです。

ところが時が進むにつれて、そうした伝統芸能に触《ふ》れていくなかで、使われる言葉が難《むずか》しく感じられたり、風俗《ふうぞく》や習慣といった生活文化が現在と異なってきたことによって、内容的に分かりづらくなった物語も多くなってきました。タイトルは知っているけれども、内容までは知らないというのには、そうした理由もあるかと思います。

とは言え、時代が変わったとしても、日本人としての気持ちや、人を思う心といったものは変わらないはずです。だからこそ、そうしたことを描いている作品を知らないでいるのは、実にもったいないと常々感じています。

また近年、日本文化を見直す動きのなかで、日本文化に興味を持つ外国の人にそうしたことを伝える機会が増えてきています。そんなときに、文化を色濃く描いた素晴《すば》らしい作品が日本にあることを誇《ほこ》らしく伝えることができたり、「温故知新《おんこちしん》」という言葉があるように、そうした作品を知っておくことで、また新しい日本の文化の発見につなげていくこともできます。

そこで、今回のこのシリーズでは、以前であれば多くの人が当然のように知っていたストーリーで、これからの時代にも大切に伝え残していき、そして多くの人に改めて知っておいてもらいたい有名な作品を読み物として紹介《しょうかい》しています。

ただし伝統芸能や大衆《たいしゅう》芸能の多くは、先人たちから受け継いだもので、それを伝承《でんしょう》してきた演者の流派であったり、それぞれの型といったものがあったりもします。また、落語や講談、浪曲のような、いわゆる話芸は演者の個性が出やすい芸能であり、そうしたジャンルの作品を紹介するときには、語りとしての話のエッセンスは残しながらも、演者のクセといったものを廃《はい》して、読みやすさや分かりやすさを優先すべきと考え、読み物として楽しめるように再構成しました。その際、それぞれの芸の良さをも味わってもらうために、リズムやテンポを生かして紹介《しょうかい》したものがあることもお断りしておきます。

また各演目には、作品を楽しむためのポイントと解説（作品の成り立ちと背景《はいけい》）を示し、分かりにくい用語や単語には説明を付けたので、それらを参照しながら読み進めてみてください。

この本がみなさんにとって、日本の伝統芸能や大衆芸能に触れるきっかけとなって、実際に浪曲や怪談を聴いてみたり、また古今東西に誇るべき日本文化を享受《きょうじゅ》（自分のものとして受け入れる）するための手助けになれば幸いです。

二〇一九年　初秋

瀧口雅仁

もくじ

この本を読む前に

一 「演題」の見出し●の白抜《しろぬ》き文字「世話物」などの説明

世話物《せわもの》 主に江戸の市井《しせい》（人が集まり暮らす場所）で生活をしていた人々の姿や生き方を描《えが》いた作品です。

歴 史 日本史などでも知られる実際に起こった有名な事件や出来事を中心に、その様子や人物の言動などを描《えが》いた作品です。

怪談《かいだん》 主にお化《ば》けや幽霊《ゆうれい》が登場する作品です。古典芸能の場合、生前の恨《うら》みを晴らすために、その相手を苦しめるといった物語が多く見られます。

親 子 子どもを間に挟《はさ》み、家族のあり方であったり、家族の理想の姿を描いた作品です。

兄 弟 兄弟や姉妹が互《たが》いにどう思い、どのように相手のための行動を取るかを描《えが》いた作品です。

夫 婦 夫婦としてのあるべき理想像であったり、夫婦としての葛藤（互《たが》いに譲《ゆず》らないで対立すること）といったものを描いた作品です。

義理・人情《にんじょう》 「義理と人情の板挟《いたばさ》み」という言葉があるように、社会に生きる道徳や習慣であり、人としての正しい道筋を示す「義理」と、人間らしい思いやりの情としての「人情」との対立や葛藤《かっとう》（心の中に相反《あいはん》する思いが生まれその間で悩むこと）の中で、登場人物たちがどのように行動するかを描《えが》いた作品です。

廓《くるわ》　主に江戸の吉原《よしわら》を舞台に、遊女《ゆうじょ》と客の間で繰《く》り広げられる男女の駆《か》け引きを描《えが》いた作品です。

戦争　戦いが繰《く》り広げられるなか、人々がどう生き抜《ぬ》いたのか。また、終戦後にどんな暮らしを強《し》いられたのかといった点に光を当てた作品です。

忠義　主君《しゅくん》や国家に対し、真心を尽《つ》くして仕える武士の姿を描《えが》いた作品です。

才覚《さいかく》　歴史上に登場する、知恵が働き、機転《きてん》の利《き》く人物の逸話《いつわ》（エピソード）を盛り込んだ作品です。

友情　親友や友人との親愛の情がどのような場面に生まれ、互《たが》いの信頼を育《はぐく》んでいくのかを描《えが》いた作品です。

恋愛《れんあい》　男と女がどのように出会い、互《たが》いに惚《ほ》れ合い、そして喜怒哀楽《きどあいらく》をともにするかを描《えが》いた作品です。

二　〽と♪の説明

浪曲の作品には、本文中に「〽」と「♪」の表記を設けています。

浪曲は「節《ふし》（歌）」と「啖呵《たんか》（セリフ）」で構成される芸能です。その中で、節を表す二つの記号が出てきた場合、「〽」で示した箇所《かしょ》は、特徴的《とくちょうてき》な七五調で唄《うた》われる歌を楽しむ箇所で、「♪」で示した部分は一般的な歌を唄うように読み進める箇所です。さらに、それ以外のセリフの部分は登場人物の気持ちになって読んでください。

三　ルビの説明

小学校六年間で習う漢字一〇二六字以外の漢字にルビを振《ふ》りました。なお、漢字そのものは小学校で習っていても、小学校では習わない読み方にはルビを振りました。

【例】 素面《しらふ》、東雲《しののめ》

四 「知っておきたい用語集」の説明

この本では、実際《じっさい》に作品が舞台で演じられている様子をみなさんに知ってもらいたかったので、あえてやさしい言葉に変えないで、演じられている形を活字にしました。やさしい言葉に置き換えない方が、早くから古典芸能を知ることができ、それが大切と考えたからです。本書を読めば、古典芸能の実演に接したときに、楽しみがより深くなると思います。したがってこの本には聞きなれない言葉や歴史的な言葉がたくさん出てきます。

そこで、小学校高学年や中学校低学年には難《むずか》しいと思われる言葉には、各演題の最後に解説を付けました。また、今は使われない歴史的な言葉や、各作品の中で重要な意味を持つ単語や表現も解説しました。各作品の最後に載《の》せた「知っておきたい用語集」で解説した言葉は、「本題」に出てくる順番に並べ、また巻末に五十音順の「さくいん」を付けましたので、そこから調べることもできます。

わからない単語や表現は、物語の前後の展開からその意味を類推《るいすい》（おしはかる）するのも作品を楽しむコツですが、分からないときは「知っておきたい用語集」や、巻末「さくいん」で調べながら読み進めてください

五 本文の説明

各作品は、実演や口演、残された速記や資料をもとに活字に直しました。したがって演者や演出などによっては、このシリーズで紹介した物語の内容や展開と異なる場合があります。

また、上演時に使用される言葉についても、今となっては使われることの少ない言い回しや、古語《こご》や芝居《しばい》特有の

言葉も登場しますが、あくまでも読み物としての読みやすさなどを考慮《こうりょ》して、現代に通じやすい表現に置き換えたものもあります。

ただし、職人や江戸っ子などが使用した、例えば「やりねぇ」「わからねぇ」などの会話言葉については、作品の雰囲気《ふんいき》を損なわないように、原則、そのままにとどめることにしました。

なお、本文の細かな表記については、以下の通りで記しています。

・句読点は原則、演者が息をつぐところに打ちましたが、読みやすさに準じて、適宜《てきぎ》、打ち直しました。
・間《ま》（わざとセリフなどを言わない空白の時間）をもたしたところは、「……」で表しました。
・「へえ」「へェ」の区別については、原則、返事の場合は「へえ」、それ以外は「へェ」としました。
・「ねえ」「ねェ」の区別については、原則、念を押すような場面や「〜ない」が転じた場合には「ねえ」、その他は「ねェ」としました。
・ルビは演者などの発音にしたがって振ったものもあります。
・仕草《しぐさ》については、その場面を想像するのに必要と思われるところに挿入《そうにゅう》しました。

浪曲
講談

清水次郎長伝より森の石松と三十石船道中
〈しみずのじろちょうでんよりもりのいしまつとさんじっこくぶねどうちゅう〉

歴史
義理
人情
忠義

●作品のポイント●

浪曲や浪花節《なにわぶし》と言えば、この一席！という人も多い、有名なストーリーです。

主人公の森の石松は清水次郎長の子分で、「侠客《きょうかく》」とも呼ばれる、任侠《にんきょう》に生きる人です。任侠などと言うと、やくざで恐《こわ》いといったイメージを持つかも知れませんが、その生き方は、弱きを助け、強きをくじき、義理に長《た》け、人情に厚《あつ》い人たちでした。

その石松が親分の代わりとして向かった、四国は讃岐《さぬき》の金毘羅《こんぴら》詣《もう》での帰り途《みち》。大坂は八軒家《はちけんや》を出発し、京都へと向かう三十石船《さんじっこくぶね》の中が舞台です。自分の身にまつわる話が出たことで一喜一憂《いっきいちゆう》する石松ですが、そこで交わされる「江戸っ子だってねぇ」「神田の生まれよ」というコミカルなやり取りと、「馬鹿《ばか》は死ななきゃ治《なお》らない」といった文句が大変な人気を呼びました。

もし、電車やバスの中で、自分に関する噂話《うわさばなし》が聞こえてきたら……。石松の立場になった気持ちで読み進めると、より一層楽しめるのではないでしょうか。

【本　題】

〽旅行けば　駿河《するが》の道に茶の香《かお》り
流れも清き太田川《おおたがわ》　若鮎躍《わかあゆおど》る頃《ころ》となる
松の緑の色も冴《さ》え　遠州《えんしゅう》森町《もりまち》良い茶の出どこ
娘やりたやお茶摘《つ》みに　ここは名代《なだい》の火伏《ひぶせ》の神
秋葉神社《あきばじんじゃ》の参道に　産声《うぶごえ》あげし快男児《かいだんじ》
昭和の御代《みよ》まで名を残す　遠州森《もり》の石松《いしまつ》を
不弁《ふべん》ながら務《つと》めます

八軒家《はちけんや》から伏見《ふしみ》に渡《わた》す渡し船は、三十石《さんじっこく》と言いますから、かなり大きい船でしょう。これに石松っつぁんが乗り込んで、余計なお宝《たから》を払って、胴《どう》の間《ま》のところを畳一畳《たたみいちじょう》ばかり借り切って、親分には内緒《ないしょ》だが、途中で買ってきた小さな酒樽《さかだる》、縁《ふち》の欠けた湯呑《ゆのみ》に注いで飲む。大坂本町橋《ほんまちばし》の名物押《お》し寿司《ずし》を脇《わき》に置いて、酒を飲み、寿司を食べているうちに、船が川の半《なか》ばへ出る。乗合衆《のりあいしゅう》の話、利口《りこう》が馬鹿《ばか》んなって大きな声でしゃべる。つまり退屈《たいくつ》しのぎ。この話を黙《だま》って聞いているとおもしろい。お国自慢《じまん》に名物自慢、しまいには豪傑《ごうけつ》の話が出る。

「武蔵坊弁慶《むさしぼうべんけい》と野見宿禰《のみのすくね》が相撲《すもう》を取ったらどっちが強いだろう」

「ヘッ、つまらねえ話をしていやがら。弁慶と野見宿禰が相撲取ってたまるかい。だけどおもしれぇな。この話が酒の肴《さかな》になるからな」

〽笑いながら飲んでたら　この話に枝《えだ》から枝
いつしか咲いたよ　見事《みごと》な花が
変わりました　親分衆の話となる
商売は道によってかしこしとやら
自分の渡世《とせい》の話が出た
もう親分次郎長《じろちょう》の　確か名前が出る時分《じぶん》と
乱暴者《らんぼうもの》の石松が　聞いているとは夢にも知らず
乗合衆は大きな声

「お前さん、なんだね。大変この博打《ばくち》打ちにお詳《くわ》しいね」

「あっしはこの、やくざ者が好きでがしてね」

「ハァ、どうでしょう、どこの国に一番いい親分がいますね」

「そらまあ、なんていってても関東でがしょう」

「へえ」

「関東。甲州《こうしゅう》、上州《じょうしゅう》、武州《ぶしゅう》、下総《しもうさ》、信州《しんしゅう》なんていったら、博打打ちの本場と言ってもいいぐらいで、いい親分がいますからな」

「ハァ」

「土地に似合《にあ》わない、いい親分のいるところが伊勢《いせ》。伊勢にはいい親分がいるねぇ。けど、親分の数の多いところは、誰がなんといっても東海道。東海道にはいいのがいるぜ。三州《さんしゅう》・寺津間之助《てらつのまのすけ》、西尾《にしお》の治助《じすけ》、見付《みつけ》の大和田友蔵《おおわだともぞう》、藤枝《ふじえだ》・長楽寺清兵衛《ちょうらくじせいべえ》、伊豆《いず》の大場《だいば》の久八《きゅうはち》、富士郡《ふじごおり》・宮島歳三《みやじまとしぞう》、宝飯郡《ほいぐん》の雲風亀吉《くもかぜかめきち》、御油《おゆ》の玉屋《たまや》の源六《げんろく》なんてったら凄《すご》いからなぁ」

「ハハァ、詳しいなお前さんは。今、海道一《かいどういち》の親分てぇと誰《だれ》でしょうね」

「ないね」

「ヘェ」

「ありません。東海道には親分の数はあるが、おんなじぐらいに肩《かた》並べて、ぐっと頭抜《ずぬ》けたのはないが、五年経《た》つと、海道一の親分ができますよ」

「ハア、誰です?」

「この船が伏見《ふしみ》に着く。少し下《しも》へ下《くだ》る草津《くさつ》の追分《おいわけ》に、身受山《みうけやま》の鎌太郎《かまたろう》。歳は二十八だが、筆《ふで》が立って算盤《そろばん》が高い。やくざに強いが堅気《かたぎ》に弱い真の侠客《きょうかく》。この身受山鎌太郎、五年経ったら海道一の親分でがしょうな」

「……なるほどな。名前は聞いてるが、お目に掛《か》かったことはねぇ。身受山鎌太郎てえのはどこへ行っても評判《ひょうばん》がいい。帰りがけ通らにゃならねぇ草津の追分か。一宿一飯《いっしゅくいっぱん》でお世話んなって、俺《おれ》は秤《はかり》じゃねぇが向こうの貫録《かんろく》をちょいっとはかってみようかい」

と、独《ひと》り言《ごと》を言っている石松の脇《わき》で、いい気持ちに寝《ね》ていた男が、ガバッと起き上がって、

「アアア、アーア、ちきしょう、うるせえなぁもう、ガアガアガアガア騒《さわ》ぎやがって、寝らんねぇや！　しょうがねぇから、話相手になろうと思ったら弁慶と野見宿禰が相撲取ったたって言いやがる。ばかばかしいから黙《だま》ってたんだ。オー、オー、オー、ありがてえな、やくざ者の話になったね。江戸っ子だい、神田《かんだ》っ子だい。ふざけやがって。あの荷物んとこへ寄っかかっている人、おう、今、お前さんなんとか言ったな。おい、五年経ったら海道一の親分ができる？　笑わせやがらあ、来年の話をすると鬼《おに》が笑うってんだい。五年先の話をしたら鬼が何て言って笑うんだい。今、笑いように困ってるじゃねぇか、鬼がよ。だからさ、今の話をしてくれ、海道一の親分は、今、立派《りっぱ》にあるじゃねぇか」

「それを知らなかったが、海道一の親分は、いったい誰《だれ》でございましょう？」

「駿河の国が安倍《あべ》郡《ごおり》、清水港《しみずみなと》宇土町《うどまち》に住む山本長五郎《やまもとちょうごろう》。通称、清水次郎長《しみずのじろちょう》。これが海道一の親分よ」

〽酒飲みながらこの話　聞いていました石松も
　今の話が出たときは　思わず知らずニッコリ笑い
　持った盃《さかずき》そっと置く　待《ま》てば海路《かいろ》の日和《ひより》あり

「ええ、ありがてえのが出てきやがったよ。もう親分の名前が出るだろうと、さっきから待っていたんだ

が、やっぱりこういう話は江戸っ子に限るね。あんちきしょう、ばかに気に入っちゃったよ。一杯《いっぱい》飲ましてやろう。お、おー、おー江戸っ子、江戸っ子、おい若《わけ》えの、今しゃべってんの、おう、あの寝起《ねお》きのいいの」

「なんでえ、色んなこと言ってやがる。俺《おれ》かい？」

「おめえだ、おめえだよ、おめえだよ。ここへ来ねえ、来ねぇ、ここへ、ここへ座《すわ》んねぇ。いいよ、余計な金払って借り切った俺の場所だ。大きく言や、俺の城下《じょうか》だ。遠慮《えんりょ》はいらねぇ、座んねぇ。」

「ありがとう」

「江戸っ子だってなあ」

「神田の生まれだ」

「いいなあ。京、大坂の人の言葉はあんまりおとなしくて、こちとら、しゃべってってきまりが悪くってしょうがねえ。そこへ行くと江戸っ子だい、長え話が短くって済んじまうんだ。これを唱《とな》えて、ざっくばらんってんだ。なあおい、飲みねぇおい、飲みねぇ、飲めるんだろう？　はは、そうだろう、鼻が赤いや」

「何を言いやがるんでえ。よせやい」

「アッハッハッハッハッ、怒《おこ》るなってことよ。飲みねえ、ええ、寿司《すし》を食いねえ。飲みねえおい、俺が酌《しゃく》するよ。おいきた、今なんだなあ、おい、やくざもんの話をしたなあ」

「さようでござい」

「海道一の親分は何とか言ったな」

「清水次郎長」

「うむ、次郎長。次郎長てぇのはそんなに偉《えら》いか？」

「えっ？」

「次郎長てぇのはそんなに偉いか？」

「おう！」

「何だい」

「酒をご馳走《ちそう》になったり、寿司をご馳走になったりして、文句《もんく》を言いたくないが、言いたくなるじゃねぇか。『口は禍《わざわい》の門《かど》、舌は禍《わざわい》の根《ね》』ってことを知らねぇか。次郎長てぇのは、そんなに偉いか？とは何だよ。『か』だの『だろう』という言葉は人を疑《うたぐ》るよ。関東八ヶ国、関外《かんがい》六ヶ国、十四ヶ国に博打《ばくち》打ちの親分の数ある中に、次郎長ぐらい偉いのが二人とあってたまるかい！」

「飲みねぇ、飲みねぇ、おう飲みねぇ、おう寿司を食いねぇ、寿司を。もっとこっちへ寄んねぇ。江戸っ子だってねぇ」

「神田の生まれよ」

「そうだってねえ、そんなに何かい、おい、次郎長が偉いかい」

「偉いったって……、けどお前さんの前だけど、次郎長ばかりが偉いんじゃない」

「まだ他に偉いのがあるか？」

「物事出世《しゅっせ》をするのには、話し相手、番頭役が肝心《かんじん》さ」

〽出世代表太閤秀吉公《たいこうひでよしこう》に　竹中半兵衛《たけなかはんべえ》という人あり
徳川家康公《とくがわいえやすこう》に　南光坊天海《なんこうぼうてんかい》あり
ぐっと下《さ》がるが紀州《きしゅう》の人　みかんで売り出すあの紀伊国屋文左衛門《きのくにやぶんざえもん》も
仙台の浪人で林長五郎《はやしちょうごろう》という人が
番頭さんになったから　文左衛門が出世をした
次郎長とてもその通り　話し相手が偉いのよ

「いい話し相手がいるからなぁ、あすこには」

「誰《だれ》だい、その次郎長の話し相手ってのは？」

「子分だよ」

「え？」

「子分、いい子分がいるぜ、次郎長には」

「飲みねぇ、飲みねぇ、おう飲みねぇ、おう寿司食いねェ、寿司を。もっとこっちへ寄んねぇ、江戸っ子だってなぁ」

「神田の生まれよ」

「そうだってね、そんなに何か、あの次郎長にはいい子分がいるかい？」

「いるかいどころの騒《さわ》ぎじゃないよ。千人近く子分があって、その中に代貸元《だいかしもと》を務《つと》めて、人に親分、兄《あに》ィと言われるような人が二十八人。これを唱えて、清水の二十八人衆。この二十八人衆の中に、次郎長ぐらい偉いのがまだ五、六人いるからねぇ」

「飲みねぇ、おい飲みねぇ、おい、もっとこっちへ寄んねぇ」

「神田の生まれよ」

「そんなこと聞いてやしねぇじゃねぇか。よせよ、神田、神田って言ってやがら、さっきから。おう、お前の生まれなんかどうだっていいんだい、こうなったら。お前さんね、ばかに詳《くわ》しいようだから聞くんだけど、次郎長の子分の大勢《おおぜい》ある中で、兄、弟の貫録《かんろく》は問わないが、一番強いのは誰だか知ってるかい？」

「そりゃ知ってらい」

「誰が強い？」

「清水一家で一番強いのは」

「うむ」

「尾張《おわり》の御先手《おさきて》、槍組《やりぐみ》の小頭《こがしら》、槍を取って山本流の使い手、山本政五郎《やまもとまさごろう》。武家《ぶけ》を嫌《きら》ってやくざになって次郎長の子分、身体《からだ》が大きいから清水の大政《おおまさ》、これが一番だなあ」

「ああやっぱり、あいつにゃかなわねぇな。あの野郎、槍を使いやがるからね。俺はまるっきり槍を知らねぇからな。〝やりっぱなし〟だから俺は。と、二番は誰だい？」

「浜松の魚売りの倅《せがれ》、お父っつぁんに患《わずら》われて食うことができない。シジミを売って親孝行。お上《かみ》から三度褒美《ほうび》を頂いたが、十三の暮れにお父っつぁんに死に別れて、ヤケだってんで、博打打ちになって次郎長の子分。身体《からだ》が小さいから人が馬鹿《ばか》にしていけない。こういう稼業《かぎょう》は馬鹿にされちゃ男になれねえ。今日から剣術《けんじゅつ》を習おう。並大抵《なみたいてい》の剣術じゃだめだって、居合抜《いあいぬ》きを習った。山椒小粒《さんしょうこつぶ》でヒリリと辛《から》いよ、大きな喧嘩《けんか》は大政だが、小さい喧嘩は小政《こまさ》に限るって。小政が二番だな」

「あん畜生、手が早えからな、どうも……。三番は誰だい?」

「千住《せんじゅ》の草加《そうか》の在《ざい》の大瀬村《おおせむら》の村役人の倅《せがれ》、大瀬半五郎《おおせはんごろう》だね」

「あいつぁ利口《りこう》だからな、人間がな。俺はどっちかってえと少しおっちょこちょいだからな、まったく……。と、四番は誰だい?」

「遠州秋葉《あきば》、三尺棒《さんじゃくぼう》の火祭《ひまつ》りでお父っつぁんの敵討《かたきう》ちをした増川仙右衛門《ますかわせんえもん》だな」

「ああ五番だな、俺はなあ。段々段々下がって来やがった。だけど、否《いや》でも応《おう》でも五番にゃ俺よりねぇだろう。……五番は?」

「法印大五郎《ほういんだいごろう》」

「六番は?」

「追分三五郎《おいわけさんごろう》」

「七番は?」

「尾張《おわり》の大野の鶴吉《つるきち》」

「八番は?」

「尾張の桶屋《おけや》の吉五郎《きちごろう》」

「九番は？」

「三保《みほ》の松五郎《まつごろう》」

「十番は？」

「問屋場《といやば》の大熊《だいくま》」

「出て来ねぇね、俺はね。この野郎、俺を知らねぇな。嫌《いや》な野郎に会っちゃたな、こりゃ。ずいぶん寿司を食いやがったよ、また……。十一番は？」

「鳥羽熊《とばくま》」

「十二番は？」

「豚松《ぶたまつ》」

「十三番は？」

「伊達《だて》の五郎《ごろう》」

「十四番は？」

「石屋《いしや》の重吉《じゅうきち》」

「十五番は？」

「お相撲綱《すもうつな》」

「十六番は？」

「鍋売《なべう》り初五郎《はつごろう》」

「十七番は?」

「うるせえな、おい。下足《げそく》の札《ふだ》もらってるんじゃねぇやい。何言ってやがんで、十七番、十八番って言ってやがって。いくら次郎長の子分が強いたって、強いといって自慢《じまん》するのはそんなもんだい。あとの奴《やつ》は、もう一山《ひとやま》いくらのガリガリ亡者《もうじゃ》ばっかりだよ」

「この野郎、とうとうガリガリ亡者にしやがったな、この俺を……。やい! もっと前へ出ろ。おもしろくねぇな、てめえは。俺はね、初めておめえの顔を見たときにゃ、ああこいつはおもしろくねぇなぁと思ったんだ、本当は。さっきから黙《だま》って見てりゃ、てめえ誰のもん食ってやがんだ。酒だって寿司だって、みんな俺が買ったんだぞ。たとえ飲みねぇ食いねぇったって、人ってものは遠慮《えんりょ》するもんだ。何? もう食いませんか? なんでぇ、あらかた食っちゃったじゃねぇか、おめえは。なにも酒飲んだ、寿司を食ったからって怒《おこ》るようなしみったれじゃねぇや、俺は。けど怒りたくなるじゃねぇか。おめえ何だね、詳《くわ》しいように見えるが、あんまり詳《くわ》しくねぇな。次郎長の子分で肝心《かんじん》なのを一人忘《わす》れてやしませんかてんだ。この船が伏見《ふしみ》へ着くまででいいから、胸に手当てて、よおく考えてくれ。ええ、おい……」

「泣いたってしょうがねぇやな、お前さんな。いくら胸に手当てて考えたって、その他に強いという……、強い……。あっ! 一人あった!」

「それ見ろい! 誰だい?」

「こりゃ強いや!」

「おお」

「奇妙院常五郎《きみょういんつねごろう》」

「いやな野郎だね、こん畜生《ちくしょう》は。思わせ振《ぶ》りをすんな、思わせ振りを。そんな者を考えろってぇんじゃねぇやい。もっと強いのがあんでしょ。清水一家で一番強いのが。特別強いのが、あるんだよ。お前さんね、気を落ち着けて考えてくれ、もう何事も心配しないで」

「なんにも心配なんかしてやねぇやな。どう考えたって誰に言わしたって、清水一家で一番強いって言えば、大政に小政、大瀬半五郎、遠州森のい……。あれ？　大政に小政、大瀬半五郎、遠州森のいー……。あれ？　森の石松！　客人《きゃくじん》すまねぇ。いの一番に言わなきゃならない、清水一家で一番強いのを一人忘れていたよ」

「おもしろくなってきやがったな、こりゃ。これね、この酒ね、今飲めって言うんじゃないよ。お預《あず》けだよこりゃ。あとの出ようによって、みんな飲ましちゃうんだから。へえ、誰だ、その一番強いのは」

「こりゃ強い。大政だって小政だってかなわねえ。清水一家で離《はな》れて強い」

「うむ」

「遠州森の生まれだ」

「待った！　お上がんなさい、お上がんなさいよ。もっとこっちへ寄んねえ。俺ね、何となくお前さんが好きでしょうがねぇんで。ああ。初めてお前さんの顔見たときに、ああ、この人はいいなあと思ったよ、俺は。あのね、今日は午《うま》の日だよ。船が伏見に着いたら、お山お参りして、京都見物が済んだら、あんたの身体を二晩《ふたばん》借りたよ、祇園《ぎおん》の町で。おれは祇園で二晩、おごっちゃうぜ。おい！」

「本当かい」

「もっとこっちへ寄んねえ、こっちへ。ええ、誰だいその一番強い……」

「こりゃ強い。遠州森の福田屋《ふくだや》という宿屋の倅《せがれ》だ」

「なるほど」

「左の目……、左の……、あれっ、大変だよ、こりゃ。俺はこの話はしたくなかったんだ。うまく忘れてたんだけど、考えろ考えろって言いやがったんで」

「どうしたい？ え、どうしたい？」

「まずいよ、話が合っちゃったよ。お前さんとおんなじだよ」

「何が？」

「えっ？」

「何がおんなじだい？」

「それがね、変なとこなんだよ。大きな声じゃ言えねえがね」

「ああ」

「片っぽ、良くない」

「え？」

「片っぽ良くないんだよ」

「何が？」

「え？」

「何が片っぽ良くないんだよ」

「それがねえ、目が片っぽ良くない」

「うむ、懐《なつ》かしいなそりゃ、なあ、随分《ずいぶん》おもしろいな。どう、どっちの目が、え？ どっちの眼が良くない？」

「あの人ね」

「ああ」

「あの人は、つまり、こう向いてね、こう向いてこっち、おんなじなんだよ。やっぱりこの左なんだよ。森の石松ってんだい！ これが一番強いやい」

「飲みねぇ、飲みねぇ、おい飲みねぇ。おい寿司を食いねえ、寿司を。もっとこっちへ寄んねぇ。江戸っ子だってね」

「神田の生まれだい」

「そうだってなぁ。そんなに何かい、石松は強いかい？」

「強いかいなんてのは、こんなもんじゃないよ。神武《じんむ》この方《かた》、博打《ばくち》打ちの数ある中に、強いと言ったら、石松っつあんが日本一でしょうなぁ」

「おめえ、小遣《こづか》いやろうか？ え、あんのかい。そうかい、そんなに強い？」

「強いたって、あんな強いのないよ」

「そう!」

「ええ、だけど、あいつは人間が馬鹿《ばか》だからね」

「……嫌《いや》な野郎だな、こん畜生《ちくしょう》は。上げたり下げたりしていやがらあ。誰《だれ》が馬鹿だい」

「え?」

「誰が馬鹿だい?」

「石松が」

「清水一家の森の石松が馬鹿かい?」

「馬鹿ったってね、東海道で一番馬鹿なんだ、あいつは。だからお前さん、東海道をゆっくり歩いてご覧《らん》なさい。あいつの噂《うわさ》で大変。この頃、小さな娘《むすめ》がね、子守歌《こもりうた》に唄《うた》ってますよ」

「何を?」

「石松っつあんのことを」

「子守歌?」

「ええ」

「へぇ、俺は聞いたことはねえが、お前さんその子守歌を知ってるか?」

「わっしゃ知ってますよ」

「ううむ、やってみな」

「へえ」

「やってみな」

「何を?」

「子守歌」

「ええ、やってみましょう」

〽お茶の香りの東海道　清水一家の名物男
遠州森の石松は　素面《しらふ》のときは良いけれど
お酒飲んだら乱暴者《らんぼうもの》よ　喧嘩《けんか》早いが玉に疵《きず》
馬鹿は死ななきゃ治《なお》らない

「石松ってやつは本当に馬鹿だからねえ、あいつは」

「ちきしょう、がっかりさせやがらあ、この野郎。ああ、小遣いやんなくてよかったよ、こりゃ」

〽笑いのうちにこの船が　無事《ぶじ》に伏見に着きました
船から上がる石松が　お山を詣り京都見物できまして
これから清水に帰り道　通りかかったところは
草津追分身受山《くさつおいわけみうけやま》　ここの貸元鎌太郎《かしもとかまたろう》

お目に掛《か》かったことはないけれど
人の噂《うわさ》でちょいちょい聞くが　かなり評判《ひょうばん》のいいお方
どのぐらい貫録《かんろく》を持つ人か　秤《はかり》じゃねえがこの俺が
ちょいとはかってみようかなと　独り言を言いながら　参りましたよ鎌太郎宅

このときの石松の姿が、白の蛇型《じゃがた》の単衣《ひとえ》、紺《こん》の一本独鈷《いっぽんどっこ》、手綱染《たづなぞ》めの上三尺《うわさんじゃく》、千草《ちぐさ》の半股引《はんももひき》。同じく山の付かない脚絆《きゃはん》、素足《すあし》に草鞋《わらじ》。着物の裾《すそ》を三方《さんぼう》高く端折《はしょ》って、丸の中に金の字、真鍮《しんちゅう》の金具の打ったのが金比羅様《こんぴらさま》のお守り。それを背中に背負《しょ》って、笠《かさ》をあみだに被《かぶ》って、こぼれ松葉《まつば》の手拭《てぬぐ》いを首んところへ引っ掛《か》けて、新刀鍛冶《しんとうかじ》・池田鬼神丸《いけだきしんまる》を一本差して、右の手へ要《かなめ》の取れた扇子《せんす》を一本持っていたそうです。

鎌太郎のうちの前まで来ると、被っている笠を取って脇《わき》へ置いた。差しているものを抜いて、下げ緒《さお》、柄頭《つかがしら》へちょいっと絡《から》んで鐺《こじり》を前に出した。それを右の手へ持ちました。ご当家《とうけ》には恨《うら》み遺恨《いこん》はございません。お手向《てむ》かいはいたしません。口には出さない、形で見せる因果《いんが》な稼業《かぎょう》。そうして石松の切った仁義《じんぎ》がまことに立派《りっぱ》であった。

身受山鎌太郎《みうけやまかまたろう》と森の石松のお話。

〽丁度《ちょうど》時間となりました。ちょと一息願いまして、またのご縁とお預《あず》かり……。

●作品の背景●

幕末から明治にかけて実在した、本名を山本長五郎という、俗に言う「清水次郎長」(文政《ぶんせい》三年(一八二〇)~明治二十六年(一八九三))を中心にした、侠客《きょうかく》の抗争劇《こうそうげき》を描《えが》いた長編の中の有名な場面です。

浪曲では初代の玉川勝太郎(明治十四年(一八八一)~大正十五年(一九二六))が得意にし、それを受け継《つ》いだ二代目勝太郎(明治二十九年(一八九六)~昭和四十四年(一九六九))も十八番としていた作品です。

しかし、「次郎長伯山《じろちょうはくざん》」と異名を取った、三代目神田伯山(明治五年(一八七二)~昭和七年(一九三二))が売り物にしていた講談に惚《ほ》れ込《こ》んだ、浪曲師の二代目広沢虎造《ひろさわとらぞう》(明治三十二年(一八九九)~昭和三十九年(一九六四))が、昭和に入り、節《ふし》をつけてラジオで演じたことで人気を博しました。ここでは、その虎造節による次郎長伝を挙げました。

主人公である森の石松は実在した侠客と言われており(諸説《しょせつ》あり)、親分の次郎長とともに宿敵《しゅくてき》を討《う》ち、そのお礼参りの代参《だいさん》として、現在も多くの参詣者や観光客で賑《にぎ》わう香川県の金比羅宮《ことひらぐう》(金毘羅様《こんぴらさま》)へ向かいます。そして、その帰路で出会った出来事が、ここで紹介した物語です。

この後、石松は方々から預《あず》かっていた香典《こうでん》を狙《ねら》った、侠客の都鳥《みやこどり》(都田《みやこだ》)吉兵衛《きちべえ》により騙《だま》し討ちに遭《あ》い、亡《な》くなってしまい、その吉兵衛は次郎長によって討ち果たされます。

知っておきたい用語集

讃岐《さぬき》
→讃岐国《さぬきのくに》　現在の香川県域を占めた旧国名。

金毘羅様《こんぴらさま》
→金刀比羅宮《ことひらぐう》　香川県仲多度郡琴平町《なかたどぐんことひらちょう》にある神社。祭神《さいじん》は大物主神《おおものぬしのかみ》を主神《しゅじん》とし、崇徳天皇《すとくてんのう》を祀《まつ》る。海上安全の守護神《しゅごしん》として信仰されている。

八軒家《はちけんや》　現在の大阪府大阪市中央区にあった淀川《よどがわ》に設けられた船着場。

駿河《するが》
→駿河国《するがのくに》　現在の静岡県東部および中部に位置した旧国名。大井川《おおいがわ》より東のエリアで伊豆国《いずのくに》を除いた地域。駿州《すんしゅう》。

名代《なだい》　ここでは、評判《ひょうばん》の高いこと。

火伏の神《ひぶせのかみ》
→火伏《ひぶせ》　火災を防ぐこと。特に、神仏が霊力《れいりょく》によって火災を防ぐこと。火よけ。

秋葉神社《あきばじんじゃ》　静岡県浜松市天竜区《てんりゅうく》にある神社。祭神《さいじん》は火之迦具土神《ほのかぐつちのかみ》。全国の秋葉神社の総本社《そうほんじゃ》。防火の神として信仰《しんこう》される。十二月十五、十六日の例祭《れいさい》は、秋葉の火祭《ひまつ》りとして知られる。

三十石《さんじっこく》
→三十石船《さんじっこくぶね》　米三十石（四・五トン）相当の積載《せきさい》能力を有する、全長五十六尺（約十七メートル）幅八尺三寸（約二・五メートル）、乗客定員は約三十人の和船。特に江戸時代、淀川《よどがわ》を通って、大坂の八軒家《はちけんや》と京都の伏見《ふしみ》間を往来した客船を指し、旅客《りょかく》に大いに利用された。

胴の間《どうのま》　和船の間取《まど》りで、船の中央の部分。人が乗ったり荷を積んだりするところ。

武蔵坊弁慶《むさしぼうべんけい》
→弁慶《べんけい》　鎌倉初期の僧。生没年不詳《ふしょう》（よくわからない）。紀伊国《きいのくに》の熊野別当《くまのべっとう》の子といわれ、武蔵坊と号した。源義経《みなもとのよしつね》の従臣《じゅうしん》で、安宅関《あたかのせき》で義経を救い、衣川《ころもがわ》の戦で討死《うちじに》したとされる（『勧進帳《かんじんちょう》』（本シリーズ「歌舞伎」の巻）参照）。

野見宿禰《のみのすくね》　『日本書紀《にほんしょき》』にみえる土師《はじ》氏の祖《そ》。埴輪《はにわ》と相撲《すもう》の創始者といわれる。垂仁《すいにん》天皇の命《めい》により、当麻蹴速《たいまのけはや》と力を争って勝ったとされる。また、皇后日葉酢媛命《ひばすひめのみこと》の死去の際に、慣習であった殉死者《じゅんししゃ》の代わりに土師氏に埴輪をつくらせて献上《けんじょう》したという。

渡世《とせい》　この世で生きていくこと。生活すること。世渡《よわた》り。生活していくための職業。生業《なりわい》。稼業《かぎょう》。

博打《ばくち》打ち
↓博徒《ばくと》　博打《ばくち》を打つ人。また、それを生業《なりわい》としている人。

やくざ者　前項の「博打打ち」の意。また、素行《そこう》の悪い人。道楽《どうらく》者。

筆《ふで》が立つ　文章が上手《じょうず》である。

侠客《きょうかく》　義侠《ぎきょう》や任侠《にんきょう》を建て前として世渡《よわた》りする人。博徒《ばくと》など。

一宿一飯《いっしゅくいっぱん》　一晩泊《と》めてもらい、一度食事の世話を受けること。博徒《ばくと》仲間で使う言葉。

待てば海路《かいろ》の日和《ひより》あり　根気《こんき》よく待っていれば、海の静かないい日和がやってくる。

ざっくばらん　遠慮《えんりょ》がなく率直《そっちょく》なさま。もったいぶったところがなく、素直《すなお》に心情を表すさま。

口は禍《わざわい》の門《かど》、舌は禍の根
↓口は禍の門　不用意な言葉から災難を招くことがあるので、言葉は慎《つつし》むべきものであるという戒《いまし》め。口はわざわいの元。
↓舌は禍の根　言葉は災難を招くもとであるということ。口は禍の門と同じ意味。

貸元《かしもと》　金を貸す人。貸し主。賭博場《とばくば》を主催《しゅさい》する親方。

先手《さきて》　本陣《ほんじん》の前に位置する部隊。また、一番先に進む部隊。先陣。先鋒《せんぽう》。

居合抜《いあいぬ》き　座《すわ》った姿勢《しせい》から瞬時《しゅんじ》に刀を抜き、敵を斬《き》る剣《けん》の技《わざ》。

下足《げそく》の札《ふだ》　客などが座敷《ざしき》へ上がるために脱《ぬ》いだ履物《はきもの》を「下足」と呼び、芝居小屋や料亭、寄席《よせ》、遊廓《ゆうかく》といった下足を脱いで上がる場所では、下足番を置いて客の履物を預かって下足札を渡《わた》した。

ガリガリ亡者《もうじゃ》
↓我利我利亡者《がりがりもうじゃ》　欲深くて、自分の利益だけを考えている者をののしっていう言葉。

午《うま》の日　年に十二支《じゅうにし》があるように、日にも十二支を当て午にあたる日をいう。
祇園《ぎおん》　京都市東山区の祇園社の略称と、それを改称した今の八坂神社《やさかじんじゃ》の通称。祇園さん。またその付近の地名。
神武《じんむ》この方《かた》　神武天皇が日本第一代の天皇とされることから、日本の国が始まって以来。程度《ていど》のはなはだしいことや他に例がないことなどを表す。神武以来。
素面《しらふ》　酒気《しゅき》を帯びていないこと。
単衣《ひとえ》　裏地《うらじ》のつかない着物。下着。
一本独鈷《いっぽんどっこ》　仏具の独鈷（両端がとがった短い棒）に似た文様《もんよう》をひと筋織り出した博多織《はかたおり》。男帯《おとこおび》に用いられる。
手綱染《たづなぞ》め　馬の手綱に多く見られることからついた。白布《はくふ》に幅三センチメートル程の斜めの筋を、紫《むらさき》・浅葱《あさぎ》・紅《べに》などでだんだら（太い横縞《よこじま》状にいくつかの色が染め出されたり織り出されたりしている様子）に染め出したもの。だんだら染め。
千草《ちぐさ》　灰みがかった水色である千種色のこと。
半股引《はんももひき》　膝《ひざ》の上までしかない短い股引。
脚絆《きゃはん》　旅や仕事の際、また防寒のために脛《すね》部にあてて用いるもの。紺木綿《こんもめん》でつくられる。
あみだ
→阿弥陀被《あみだかぶ》り　帽子《ぼうし》などを後ろ下がりにかぶること。あみだ。
下《さ》げ緒《お》　刀を帯に結びつけるために鞘《さや》につける紐《ひも》、組《くみ》緒《お》。
柄頭《つかがしら》　刀の柄《つか》の頭の部分。また、そこに付ける金具。
鐺《こじり》　刀剣《とうけん》の鞘《さや》の末端《まったん》の部分。

曲
談
歌舞伎
画
歌謡曲

浪
講
映

天保水滸伝より笹川の花会

（てんぽうすいこでんよりささがわのはながい）

歴史
義理
人情
忠義
才覚

●作品のポイント●

冒頭の歌い出しで「飯岡笹川両身内 名代《なだい》なりける大喧嘩《おおげんか》 伝え伝えし水滸伝」と唄《うた》われているように、下総《しもうさ》（現在の千葉県北部と茨城県の一部）は利根川《とねがわ》周辺で実際に起こった、侠客《きょうかく》の笹川繁蔵《ささがわのしげぞう》と飯岡助五郎《いいおかすけごろう》の争《あらそ》いを描《えが》いた物語が『天保水滸伝』です。

義理と人情の世界にあったやくざの世界の中で、登場人物たちは何を思い、どのように生きたのでしょうか。そこには決して粗暴《そぼう》なばかりではない、親を思う気持ちであったり、人を立て、己《おのれ》のプライドを保とうとする人間らしい姿が見て取れるかと思います。

ここでは、長い『天保水滸伝』のうちより、物語の展開で重要、かつ有名な人物が登場し、最も華《はな》やかな場面でもある、昭和の浪曲界の名人・二代目玉川勝太郎《たまがわかつたろう》の名演《めいえん》で知られる「笹川の花会」を取り上げます。

【本　題】

〽利根の川風《かわかぜ》袂《たもと》に入れて　月に棹《さお》差す高瀬舟《たかせぶね》
人目関《ひとめせき》の戸叩《たた》くは川の　水にせかるる水鶏鳥《くいなどり》
恋の八月大利根月夜《おおとねづきよ》　佐原囃子《さわらばやし》の音《ね》も冴《さ》えわたる
葭《よし》の葉末に露《つゆ》置く頃は　飛ぶや蛍《ほたる》のそこかしこ
潮来《いたこ》あやめの懐《なつ》かしさ　わたしゃ九十九里《くじゅうくり》荒浜《あらはま》育ち
と言うて鰯《いわし》の子ではない　意地《いじ》にゃ強いが情けにゃ弱い
されば天保《てんぽう》十二年　抜《ぬ》けば玉散《たまち》る長脇差《ながわきざし》
赤い血しぶきしとどに浴びて　飯岡笹川《いいおかささがわ》両身内
名代《なだい》なりける大喧嘩《おおげんか》　伝え伝えし水滸伝《すいこでん》

天保の時代、下総《しもうさ》の笹川に繁蔵《しげぞう》という男がおります。やくざではあるけれども、立派《りっぱ》な心を持った男。この繁蔵がこの度《たび》、花会《はながい》を思い立ちました。

このご時世《じせい》に何を見込んで繁蔵が花会をやったかというと、天保八年は悪い年で、いたるところで大飢饉《だいききん》があった。困る人もたくさんできましたので、繁蔵は『商売往来《しょうばいおうらい》』にない渡世《とせい》をして、一家眷属《いっかけんぞく》を養《やしな》っている。こういう年にこそ、日ごろの恩返しをしなくちゃならないと、金になるものはみんな金に換えて、自分たちは食い物をつめてまで、多くの人を助けました。

良い仕事というものは楽しいものですが、情けないことに懐《ふところ》にも限りがある。この社会は義理を重んじる渡世《とせい》。長年、諸国《しょこく》の同業や友達の間には義理というものがあります。まあこういうときにこそ、友達の力を借りてもいいだろうということ。

そしてもう一つは、先代の流鏑馬仁蔵《やぶさめにぞう》が念願《ねんがん》にしていて、果たすことのできなかった、諏訪明神《すわみょうじん》の境内《けいだい》に相撲道《すもう》の祖《そ》・野見宿禰《のみのすくね》の碑《ひ》を建てるというのも一つの念願でした。

やくざの花会というものは、大体が自分の付き合いのある人々に案内状を回して集まってもらい、そこで渡世人同士の博打《ばくち》が始まります。千両、二千両という金のやり取りがあるばかりでなく、集まる諸国の貸元《かしもと》の顔ぶれによって、自分の貫録《かんろく》と俠名《きょうめい》を試すことにもなっています。

そんな笹川繁蔵の一世一代《いっせいちだい》の花会の当日。

近所の家を借り込《こ》んで、旅人の休息の場所。裏手《うらて》の方には相撲の興行《こうぎょう》がある。勝ち負けのたびにどよめき渡《わた》るその人の声。界隈《かいわい》は相撲の好きなところ。

そこへ飯岡助五郎《いいおかすけごろう》の名代《みょうだい》として、洲《す》の崎《さき》の政吉《まさきち》が現れた。迎《むか》えの人々の丁重《ていちょう》なる挨拶《あいさつ》。帳場《ちょうば》が立っており、夏目《なつめ》の新助《しんすけ》、清滝《きよたき》の佐吉《さきち》がこれを預《あず》かっている。用心棒平手酒造《ようじんぼうひらてみき》の姿も見える。

親分助五郎の出した金は五両だが、よい子分は持ちたいもの。親分子分で二十五両の義理を渡《わた》します。夏目の新助がこれを受け取り、清滝の佐吉と顔を見合わせました。というのは、この四、五年は血で血を洗う仲。浮世《うきよ》の義理で案内状は出したけれども、来ないと思っていたその相手が来た。

するとツッと後ろに立ったのは、主《あるじ》の繁蔵。

「夏目、それは俺《おれ》が預かっておこう」

二十五両の義理をひったくるようにして懐《ふところ》へ入れると、そのまんま奥《おく》へ入っていく。

〽嫌《いや》な顔して政吉は　うちの親分目が高い
繁蔵なんざぁ笹川で　昨日《きのう》や今日の男じゃないか
三両か五両が相場だと　言った言葉に嘘《うそ》はない
二十五両に目がくらみ　あわてふためき懐中《かいちゅう》へ
入れてしまうたぁ情《なさ》けない　こんな野郎《やろう》が下総で
とかく近頃騒《ちかごろさわ》がれる　ああ世も末《すえ》になったわい

「二階にみなさまがお集りでございます。何にもございませんけれど、支度《したく》はできておりますんで、どうぞ二階の方へお上がりを願いとう存じます。ご案内をいたします」

「お邪魔《じゃま》をさしてもらいます」

……「政吉、てめえ今日笹川へ行ったら、掃《は》きだめへ鶴《つる》が下《お》りたようなもんだろ……」

出掛《でが》けに親分の言った言葉が、ふと胸に浮かんできた。どうせ碌《ろく》な者ァ来ちゃァいめえ。タカをくくって梯子段《はしごだん》、軽く上った二階の広間。ヒョイと見たときに思わずハッと胸を突《つ》かれる思いをしたのは、いずれも年長、貫録《かんろく》のある親分手合《てあ》いが、四、五十人居並《いなら》んでいた。
日頃《ひごろ》尊敬する自分にとっては伯父分《おじぶん》にあたる松岸《まつぎし》の半次《はんじ》、羽賀田潟徳右衛門《はがたがたとくえもん》などという人が末席《まっせき》の方に控《ひか》えております。こりゃあ偉《えら》い人の集まりだと思った。

親分の名代《みょうだい》ですから、親分の座るところへ座を占《ざし》めなければならないといって高いところへ座れば、あの野郎は座知《ざし》らずだといって礼儀《れいぎ》知らずのそしりを受けます。

「政じゃねぇか、兄弟の顔が見えねえんで、おらぁ心配していたが、どうかしたか?」

「伯父御《おじご》、今日はまたお暑い中をご苦労さんでござんす。昨日まで楽しんでおりましたが、身体《からだ》の調子が悪いんで、残念ながら今日はお邪魔《じゃま》することができません。私が名代としてお席を汚《けが》します。伯父御、何とかよろしくお願いをいたします」

「そうか、そいつぁいけねえな。何だか知らねぇけど、今年ぁまた、兄弟、馬鹿《ばか》に弱ぇじゃねぇか。おっ、こっちへおいで、こっちぃ。うむ、お前の座《すわ》んなぁここだ。ここへ来て座れ。御一統様《ごいっとうさま》にご挨拶《あいさつ》を申し上げます。残念ながら助五郎《すけごろう》、身体《からだ》ぁ少し痛めております。今日はお顔出しができねえ。これに控えております政吉と申します。まだ若《わけ》ぇもんでござんす。やがてはご一統様のお力を借りて、飯岡の跡目《あとめ》にもしたいと思っております。これをご縁《えん》にお見知りおかれ、助五郎同様、行く末長いお引き立てをお願い申し上げる次第でございます」

持つべきものは伯父さんだ。挨拶《あいさつ》をしてくれまして、その言葉の尾について、政吉は下座《しもざ》の人から丁重《ていちょう》な挨拶をいたします。

「政吉と申します。お見知りおかれ、行く末万端《ばんたん》、よろしくお引き立てのほどを願いとう存じます」

「もう少し前へ出てくれえ。おらぁ耳が遠いんだよ。歳《とし》ぁ取りたくもねえもんだ。目はかすむし、耳ぁ遠くなりやがるし、我《が》ばかり強くて手がつけられねえ。奥州《おうしゅう》の巻泊《まきどまり》で、時折、旅人の口からお前の噂《うわさ》ぁ聞いてるよ。飯岡にいい若ぇ者ができたって。お前の顔見るのを俺《おれ》は楽しみにしていた。なるほど、いい若ぇ者だ。今の若ぇ者は、このご時世《じせい》をよく見て、しっかり世渡《よわた》りをしてもらわなくちゃならねえ。奥州路《おうしゅうじ》へ来たら、俺《おれ》んとこへ草鞋《わらじ》を脱《ぬ》いどくれ。お、盃《さかずき》を一ついこう。俺は仙台の丸屋《まるや》だよ」

「えっ！　御高名《ごこうめい》はかねがねお慕《した》い申しております」

仙台肴町《さかなちょう》は丸屋の忠吉《ちゅうきち》。

「信夫《しのぶ》だ！」

と言葉をかけてくれたのは、伊達《だて》の信夫の常吉《つねきち》だった。

越後《えちご》の勘八《かんぱち》に、信州相《しんしゅうあい》の川《かわ》の又五郎《またごろう》、甲州《こうしゅう》津向《つむぎ》の文吉《ぶんきち》、上州館林《じょうしゅうたてばやし》江戸屋《えどや》虎五郎《とらごろう》などと名前を聞くたびごとに、政は内心ビクビクッとした。大した親方が集まっている。いずれも当代随一《ずいいち》というような親分衆から懇《ねんご》ろな言葉をかけてもらい、一々盃《いちいちさかずき》をもらった政の喜びは、天に昇《のぼ》るような気持ちだった。

その喜びも束《つか》の間《ま》。上《かみ》から数えて六番目。単衣物《ひとえもの》こそ着ているが、襟《えり》のかかった半纏《はんてん》を、病《や》み上《あ》がりと見えて、頬骨《ほおぼね》高く眼肉《がんにく》落ち、顔の色はあくまで悪く、無精《ぶしょう》ひげを生やした人。丁重《ていちょう》な挨拶をしたが、この人だけは返事もしない。ふふんとも言わない。言葉をもらわないで、次へ行く訳にいきません。ひょいと見ると、鐚銭《びたせん》を合わした奴《やつ》であごひげをグイッとくわえては抜《ぬ》いて、薄目《うすめ》を開いて、かたわらのお盆《ぼん》の上へ持ってって、ひげで富士の山を描《か》いている。政吉ばかりか傍《はた》の人もハッと思った。こいつぁまずいなぁ相手が悪い。何か始まらなきゃいいなと思った。見ていると、富士の山がやっとおしまいになったのでヤレヤレと思ったが、今度は三保の松原へ移ってきた。

〽見るに見かねて大前田《おおまえだ》

「長岡、何か気にしているようだな。親に罪はあっても子に罪はねえよ。今度の笹川の花会はいい仕事じゃねえか。宿禰《すくね》様の碑《ひ》を建てるのは結構だ。天保八年飢饉《ききん》以来、困る人が大分いるようだ。俺たちの力で幾分なりとも慰《なぐさ》めようという花会だ。いいことを教えてもらったと思ってる。事は好まねぇ、なあ若ぇもんだ、言葉だけかけてやってくれ」

ひょいと頷《うなず》いて、パッチリ目を開いた。人並み優れた大きな目玉。

「御年長《ごねんちょう》に心配をかけてすみません。五、六日具合が悪いんで、口をきくのも大儀《たいぎ》なんだ。手前《てめ》ェか、飯岡の小僧《こぞう》は！」

「へいッ！」

「助《すけ》はどうしたんだ？　身体《からだ》が悪いってぇのは、やがて香典《こうでん》のいるような病人か？」

言うことが手荒《てあら》い。

「歩いてくるのが大儀《たいぎ》だったら、馬にでも駕籠《かご》にでも乗って来い。大納言《だいなごん》でもなければ関白《かんぱく》でもねぇんだ。

この座敷《ざしき》へ来て、枕を高く寝ていても、無礼な奴《やつ》だと怒《おこ》る者もいなければ、礼儀を知らねえ奴だと笑う者もねえ。身体の悪いのに義理の堅《かた》い人だとほめる者もあるだろう。笹川と飯岡の間、何百里ある？ たかが三里か五里。年の若い繁蔵《しげぞう》が一つの仕事をすると聞いたら、何故《なぜ》、出て来て指図《さしず》の一つもしてやらねえんだ。鷺《さぎ》も烏《からす》も笑わねえぞ。それとも笹川との間に何かいきさつがあんのか？ 何かありゃあ、話は別だ。まだ挨拶も済んでねえ。伊勢《いせ》の但馬《たんば》屋さんも見えている。大場《だいば》の人の顔も見える。中にはご苦労様に歳《とし》を取った方々が山坂越《やまさかこ》して何百里、下総《しもうさ》くんだりまで足を踏《ふ》んごんで来るのは、人のためばかりで来るんじゃねぇぞ。義理と人情は堅気《かたぎ》の人よりもまともに渡《わた》らなきゃ、やくざの道は立たねえ。銭《ぜに》はできたそうだ、結構なこった。いくら持ってやがっても使い方知らねえ野郎だ。死ぬときはそっくり持って行けって言え。手前《てめえ》ばかりうまいもの食っていいのか？ 今の世の中には貧《ひん》に困ってる人もたくさんある訳だ。繁蔵のようにちっとは人のためになることをしろって言え！ 膳《ぜん》につけッ！」

〽苦《にが》り切ってぞ横を向く　ああこの男誰《だれ》あろう
赤城下《あかぎお》ろしの空《から》っ風《かぜ》　万年溜《まんねんだめ》の月明かり
義侠《ぎきょう》の二字を横抱《だ》きに　すっくと立った伊達男《だておとこ》
上州一円関八州《じょうしゅういちえんかんはっしゅう》　六十余州浦々《うらうら》まで
泣く子も黙《だま》る国定忠治《くにさだちゅうじ》

……「この人の言うことが本当だ。これだけの男が集まるだけの貫禄《かんろく》が繁蔵にはある。ケチなことを言ってねぇで、親父《おやじ》が来てくれたらば、若ぇ者はこうした恥《はじ》はかかねぇ」……

「ごめん下さいまし。飯岡からお義理を頂戴《ちょうだい》いたしました。これはどこへ出しましたらよろしうござんしょう」

「念の入った言葉じゃねえか。数は多いし、どこへ出しても差し支《つか》えねえだろう」

義理のビラを貼《は》り出した。飯岡から義理をもらったと言われたときに、政は冷たい汗がタラタラッと流れた。さっきから気にしてるのは、丸屋の忠吉っつあんが百両、若者中として五十両、信夫の常吉、同じく大《おお》前《まえ》田《だ》栄《えい》五郎《ごろう》百両、若者中として七十五両と、百両、五十両という義理が多い。銭の使い方の知らねえ野郎だと言われた矢先、親分子分でこの場合、はした金の二十五両。鼻ッ面《つら》へ晒《さら》されたらば、舌でも嚙《か》んで死なきゃならねえ。人間は一度死ぬものとは言いながら、俺の死ぬ場所はこんなところにあったのか。捨てる命は露《つゆ》惜《お》しまねど、どう考えても一人では死に切れねえ。相手にとって不足のない、今、日の出の勢いの上州の忠治。野郎の命を貰《もら》って行こう。政吉は腹が決まった。

ビラが貼り出された。多くの人がみんなこれを見た。盃《さかづき》を手にした忠治が口のはたまで持って来ると、上目遣《うわめづか》いにこの義理を見たときにハッと思った。危《あや》うく盃を落としそうになった。

「飯岡の若え者、おらぁとんだしくじりをした。勘弁《かんべん》してくれ。どうして俺はこう人間がお節介《せっかい》にできてるんだろう。忠治にこれがねえと、もう一つ人に可愛《かわい》がってもらえるんだ。この義理を見て、飯岡の本当の気持ちが分かった。繁蔵ばかりじゃねえ、腹の中で泣いて喜んでいるものもあろうし、ああよかったとホッとひと息ついた者もあるだろう。助どんの身体が悪いのは、何しろこの五、六日、馬鹿《ばか》に陽気が悪すぎるからね。家へ帰ったら大事にするように。俺がこんなこと言ったなんてこたぁ言わねえでくんねえよ。満座《まんざ》の中にさんざんっぱら嫌《いや》なことを言ったのは勘弁《かんべん》してくれ。さあ、俺の盃をニッコリ笑って受けてくれ」

馬鹿にされるような気持ちが先で、政は頭が上がらなかった。隣にいた伯父御《おじご》がトンと横っ腹を当てくれた。不承不承《ふしょうぶしょう》、頭を上げて見たときにハッと思った。筆太《ふでぶと》に金百両飯岡助五郎より。金五十両洲の崎の政吉、同じく金五十両飯岡若者中と書いてある。

〽ジッと見つめるビラの文字　幾度《いくど》見ても変わりはない
ああ知らなんだ知らなんだ　そんな気性《きしょう》と露《つゆ》知らず
今が今まで繁蔵どんを　悪く思ったこの俺が
あまりと言えば恥《は》ずかしい
昔上杉謙信《うえすぎけんしん》は　敵将武田信玄《たけだしんげん》に
塩を送ってやったというが
その謙信に劣《おと》らない　立派《りっぱ》な立派な心掛《が》け
許してくれよ十一屋《じゅういちや》と　感極《かんきわ》まって政吉は
百目蠟燭華《ひゃくめろうそくはな》やかに　揺《ゆ》らぐ灯影《ほかげ》に思わず知らず
ホロリホロリと男泣き

待てよ。俺はこのまんま後《うしろ》へ下がっていいのか。これだけ取り持ちをしてもらって笹川にゃすまねえ。だが、俺にとっては一世一代の檜舞台《ひのきぶたい》だ。笹川、勘弁してくれ！ 心の内では手を合わす思い。

「何を！ 手前ェ《てめ》は上州の忠治か！ しゃらくせえ、手前の盃はどうした？ 伯父御！ 打っちゃっといてくれ！」

〽正面から飛び掛《か》かる
ニッコリ笑って国定は　苦もなくその手を払いのけ
卑怯《ひきょう》未練《みれん》な飯岡には　過ぎた男と言いたげの
眼で政吉をジッと見る
なおも怒って胸躍《むねおど》らせ　掴《つか》みかからん政吉をば
親分手合いが待った待ったと右左《みぎひだり》
ここ笹川の十一屋　男を磨《みが》く大一座
火花を散らす立ち合いは　今に伝える物語
花会《はながい》はまずこれまで

●作品の背景●

元々は講談で広まった物語で、江戸の講釈師である宝井琴凌《たからいきんりょう》や五代目伊東陵潮《いとうりょうちょう》（天保《てんぽう》十二年（一八四一）～明治三十二年（一八九九））らによってまとめられたと言われています。

事件は天保《てんぽう》十五年（一八四四）八月に、飯岡助五郎（寛政《かんせい》四年（一七九二）～安政《あんせい》六年（一八五九））一家と笹川繁蔵（文化七年（一八一〇）～弘化《こうか》四年（一八四七））一家との大利根《おおとね》の決闘《けっとう》をはじめとした、実際に起こった出来事を描《えが》いたもので、歌舞伎では河竹黙阿弥《かわたけもくあみ》による『群清滝贔屓勢力《むれのきよたきひいきのせいりき》』の題で演じられています。

利根川流域に豪傑《ごうけつ》が集まり、様々な人間模様《もよう》を見せながら命をかけて戦っていく姿が、中国の長編小説『水滸伝《すいこでん》』に似ていることから、その名が付けられたとされています。

近年では、冒頭《ぼうとう》の「利根の川風袂《たもと》に入れて　月に棹《さお》差す高瀬舟」という名文句を送り出した、作家であり、演芸評論家であった正岡容《まさおかいるる》（明治三十七年（一九〇四）～昭和三十三年（一九五八））による脚色《きゃくしょく》で、二代目玉川勝太郎《たまがわかつたろう》（明治二十九年（一八九六）～昭和四十四年（一九六九））が名調子で聞かせた浪曲が有名です。

また、ここで紹介した「笹川の花会」の他、剣客平手造酒《ひらてみき》の活躍《かつやく》が描かれる「平手造酒の駆《か》け付け」といったストーリーも知られています。

現在では二代目勝太郎の流れを引く、玉川派の浪曲師がお家芸として聞かせてくれます。

知っておきたい用語集

天保《てんぽう》　江戸時代、仁孝《にんこう》天皇の代の元号。一八三〇～一八四四。
名代《なだい》　名高いこと。
高瀬舟《たかせぶね》　河川で貨客《かきゃく》を輸送《ゆそう》した底の浅い船で、櫂《かい》や棹《さお》を使って動かした。江戸時代に利根川水系に就航《しゅうこう》したものは非常に大きいものであった。
関の戸《せき》　関所《せきしょ》の門。関門《かんもん》。関所。
水鶏鳥《くいなどり》　**→水鶏**《くいな》　湿地《しっち》や水辺《みずべ》に生息する小形のニワトリほどの大きさの鳥。
潮来《いたこ》　茨城県南東部の地名。霞ケ浦《かすみがうら》と北浦《きたうら》の間に位置する。
笹川《ささがわ》　千葉県北東部にある、香取郡東庄町《かとりぐんとうのしょうまち》の中心地区。旧笹川町。利根川下流の支流である黒部川《くろべがわ》沿いにある。JR成田線笹川駅がある。江戸時代に利根川舟運《しゅううん》が盛んとなって河港町《かわみなとまち》として発展した。
花会《はながい》　職人や博徒《ばくと》などが仲間から金を集めるために催《もよお》す会合。
天保《てんぽう》**の飢饉**《ききん》　天保四～七年（一八三三～一八三六）にかけての全国的な大飢饉。異常低温による大凶作《だいきょうさく》となり、米価《べいか》が高騰《こうとう》して餓死者《がししゃ》が続出。各地で一揆《いっき》や打ち壊《こわ》しが発生し、天保八年（一八三七）には大塩平八郎《おおしおへいはちろう》の乱が起き、江戸幕府の体制的危機《きき》を促《うなが》した。
『商売往来』《しょうばいおうらい》　江戸前期の往来物（教科書）。堀流水《ほりりゅうすい》軒《けん》著。元禄《げんろく》七年（一六九四）刊。商売に必要な知識や教養、商人への教訓を記した書。
渡世《とせい》　世渡《よわた》りをすること。暮らし。なりわい。
眷属《けんぞく》　血のつながっているもの。親族。一族。
野見宿禰《のみのすくね》　『日本書紀《にほんしょき》』にみえる土師《はじ》氏の祖《そ》。埴輪《はにわ》と相撲《すもう》の創始者といわれる。垂仁《すいにん》天皇の命《めい》により、当麻蹶速《たいまのけはや》と力を争って勝ったとされる。また、皇后日葉酢媛命《ひばすひめのみこと》の死去の際に、慣習であった殉死者《じゅんししゃ》の代わりに土師氏に埴輪をつくらせて献上《けんじょう》したという。
渡世人《とせいにん》　前出『商売往来《しょうばいおうらい》』に載っていない稼業《かぎょう》で、

世渡りする無職渡世の人の意から博打《ばくち》打ちをいう。博徒《ばくと》。

侠名《きょうめい》　義侠心《ぎきょうしん》（正義感が強く、強きをくじき弱きを助けようとする気持ち）に富む者であるという評判。

名代《みょうだい》　人の代わりに立つこと。代理を務《つと》めること。また、その人。身がわり。

義理《ぎり》を渡《わた》す　対人関係や社会関係の中で、お祝《いわ》いの金品を渡すこと。

掃《は》き溜《だ》めに鶴《つる》　つまらない所に、そこに似合わぬ優れたものや美しいものがあることのたとえ。ごみために鶴。

手合《てあ》い　同類の人や物。連中。仲間。

伯父御《おじご》　「おじ（伯父・叔父）」を敬《うやま》っていう語。叔父御。

跡目《あとめ》　先代《せんだい》の地位を継《つ》ぐこと。また、その地位。その地位を継ぐ人。後継者。

鐚銭《びたせん》　価値の低い粗悪な銭《ぜに》。特に室町時代に通用した、中国渡来の永楽銭《えいらくせん》以外の私鋳銭《しちゅうせん》。江戸時代には寛永《かんえい》通宝鋳造《つうほうちゅうぞう》後の鉄銭《てっせん》を指した。悪銭《あくせん》。

鷺《さぎ》も烏《からす》も笑わない　ここでは、ものの道理が通る、ということ。

↓鷺を烏　白い鷺を指して、黒い烏であると言い張ることから、ものの道理をことさら言い曲げること。

関八州《かんはっしゅう》　関東八か国の総称。武蔵《むさし》、相模《さがみ》、上野《こうずけ》、下《しも》野《つけ》、上総《かずさ》、下総《しもふさ》、安房《あわ》、常陸《ひたち》。

上州《じょうしゅう》　上野国《こうずけのくに》の異称。現在の群馬県のほぼ全域。

忠治《ちゅうじ》

↓国定忠治《くにさだちゅうじ》　文化七年（一八一〇）～嘉永三年（一八五一）。江戸末期の侠客《きょうかく》。上野国《こうずけのくに》国定村の人。本名・長岡忠次郎《ながおかちゅうじろう》。賭場《とば》荒らしや関所破《せきしょやぶ》りなどの罪で磔《はりつけ》の刑に処せられた。講談や浪曲、芝居などで脚色《きゃくしょく》されている。国定忠次。

百目蝋燭《ひゃくめろうそく》　一本の重さがほぼ一〇〇匁《もんめ》（約三七五グラム）ある大きな蝋燭。

檜舞台《ひのきぶたい》　自分の手腕《しゅわん》を人々に見せる晴れの場所。

浪　曲
歌舞伎
講　談
浄瑠璃

壺坂霊験記
（つぼさかれいげんき）

世話物
夫婦
人情

●作品のポイント●

主人公の沢市《さわいち》は目が不自由で、妻のためにも何とかその目を治《なお》したいと思っています。その妻であるお里《さと》は、夫の望みを叶《かな》えてあげたいと、自分の人生を捧《ささ》げるがごとく夫を支《ささ》えています。沢市はお里が三年もの間、自分のために壺坂寺の観音様に願掛《かけ》に行っていることを知りますが、一向《いっこう》に目が良くなりそうもないとわかったときに、沢市は妻のために、ある選択《せんたく》をすることにします……。

物語を通して、二人が互《たが》いにどう思い、どんな行動をするのか。

原爆《げんばく》の惨状《さんじょう》を描《えが》いたマンガ『はだしのゲン』（中沢啓治・作）で、主人公のゲンが生きることに必死となり、農家の人に食べ物を恵《めぐ》んでもらうために唸《うな》った浪曲が、この〽妻は夫をいたわりつつ　夫は妻に慕《した》いつつ……で始まる、通称『壺坂《つぼさか》』です。ゲンの浪曲を聞いた人が心を動かされたように、そこには夫婦愛を超《こ》え、人が人を思う気持ちが表されています。

【本　題】

〽妻は夫をいたわりつ　夫は妻に慕《した》いつつ
頃《ころ》は六月中《なか》の頃　夏とは言えど片田舎《かたいなか》
木立《こだち》の森もいと涼《すず》し　小田《おだ》の早苗《さなえ》も青々と
蛙《かわず》の鳴く声ここかしこ
聞くも涙《なみだ》の夫婦《ふうふ》連れ　その夜にかぎり雲気《くもけ》一片《いっぺん》あるでなし
名月や浅黄《あさぎ》に銀の一つ紋《もん》　置いたるごとくを射《さ》し込みし
葉越《はご》しの月を拝《おが》みつつ　あしびき山の狼谷《おおかみだに》

持っていた杖《つえ》を離《はな》す。

沢市がみぞおちを押《お》さえると、

「ああ、痛《い》た、ううむ」

「おお、沢市っつぁん、どこが痛《いと》うござんす。心確かに持たしゃんせ。里《さと》でござんす、こちの人」

背《せ》なさすられて顔を上げ、

「一日も早《は》よう、この目を開けていただきたいばっかりに、歩《あゆ》みなれない山道を、急ぎに急いで登ったせいか、下腹《したはら》からみぞおちへ、きつう差し込《こ》んでなりませんのじゃ」

「それはえらいことでござんす。大方《おおかた》、山の気《き》に打たれて身体《からだ》が冷えたのでござんしょう。きつう悪うなってはならぬゆえ、いっそ山を下《くだ》りましょうか？」

「何を言いやるのじゃ、この差し込みがもとで、お山で命を捨《す》つるとも、ご利益片目《りやくかたがん》だけでも治《なお》していただけるまでは、ここ一寸《いっすん》も下りはせぬ。今晩から三日の間、観音様《かんのんさま》へ断食《だんじき》をさせていただくのじゃ」

「ええっ、断食？　それはほんとでござんすかえ？」

「そなたのような正直な人に、偽《いつわ》り言うたら罰《ばち》があたります。えらい無理を言うてすまぬが、これからひと走り家に戻《もど》り、お仏壇《ぶつだん》の真ん中の引き出しに入れてある、わしの合薬《あいぐすり》をちょっと取って来てはくれぬかや？」

「それならこれからひと走り、急いで往《い》んでこうほどに、この岩に腰をかけて、里が戻るまで必ず動いてくださんすなや。お目の見えるとき、よう見てご存じでもござんしょうが、このお山はな、松も柏《かしわ》も生《お》い茂《しげ》り、それはそれは険《けわ》しい山道。今、ごうごうという水音《みずおと》は、狼谷《おおかみだに》の流れ川。この坂を登りつめて右に行けば、谷の深さは十丈《じゅうじょう》あまり、足滑《すべ》らせて落ちたなら、岩に頭を打ち付けて、それこそ命はないほどに、夢にも動いてはなりませぬぞえ」

「そなたに手を引いてもらわねば、一寸《いっすん》先へも歩《あゆ》めぬ盲目《めくら》。なんの動いてよいものか。すまぬが早よう往《い》んでくだされ」

「あいあい、そんならやっていただきます……」

「もう行きおったか。登って来る道に大きな石が仰山《ぎょうさん》あったように杖《つえ》の先にも当たりました。つまずいて生爪《なまづめ》をはがし、怪我《けが》なぞしてはくださるなや。気を付けて戻《もど》ってくだされや。お里！　お里！　これ女房《にょうぼう》殿。（気配《けはい》を感じて、そちらへ向かって）どなた様でございます？　お里は沢市のためには、姑《しゅうとめ》なしの差し向かいで、頭から足の先まで痒《かゆ》い所へ手の行くように世話をしてくれます。それはそれは優《やさ》しい女子《おなご》でござります。手前がお里と呼べば、そっちでお里とおっしゃる。女房殿と言えばまた、女房殿と真似《まね》をなさる。他人《ひと》の女房の名を呼びつけにして、大胆千万《だいたんせんばん》な。沢市が目が見えぬと思うて、あんまり阿呆《あほう》になされたら、盲目《めくら》の一心《いっしん》は岩をも通す世のたとえ、ほんまに承知《しょうち》いたしませんぞや。

　あなたはどちらの、どなた様？　あっ！　これは偉《えら》いことを言うてしもうたわい。偉そうに他人の女房の名を呼びつけにする、めくら滅法理屈《めっぽうりくつ》を並べて謝《あやま》らそうと思うて、理屈を言うてみたら、他人様《ひとさま》が真似をするのと違《ちが》う。お山に響《ひび》いたこだまじゃそうな。目の見える人がそばにおらんでよいようなものの、両目明らかなお方が、わしのそばにこれをじーっと見聞《みき》きしてござったら、盲目《めくら》は僻《ひが》み根性《こんじょう》の強いものと、かげでお笑い遊ばすじゃろう。堪忍《かんにん》してくだされ……、これ、お里……」

〽私は癪《しゃく》でも何でもない
癪じゃと言うて戻さねば　そなたが家へ戻りゃせぬ
偽《いつわ》り言うてすまんけど　そなたを戻したその後で
狼《おおかみ》　谷《だに》へ身を投げて　私は命を捨てる心算《つもり》
なぜなれば

「わしのような不自由者が、いつがいつまでも永《なが》らえておりましたら、世間の人様からお里は器量《きりょう》よしじゃ、別嬪《べっぴん》じゃと褒《ほ》めていただけるそなたが、一代盲目《いちだいめくら》の女房じゃと、後ろ指を指され、陰口《かげぐち》言われて、この世を送らねばなりませぬ。それが不憫《ふびん》ゆえ、死んでゆきます。沢市が冥途《めいど》へ行ったその後は、ただ一心に観音様へお願い申し、ありがたいご利益《りやく》をいただいて、心優しいお人のもとへかしづき、楽しいこの世を送ってくだされ。そなたの幸せを草葉《くさば》の陰《かげ》から祈《いの》りますほどに、無慈悲《むじひ》な夫と沢市を必ず恨《うら》んでくださるなや。壺坂寺《つぼさかでら》に祀《まつ》らせ給《たま》う大慈大悲《だいじだいひ》の観音様、治《なお》りもしませぬ眼病を、どうぞお治しくだされと、女房里が無理なお願《がん》をかけました。ごめんなされてくださりませ。なんぼ貴方様《あなたさま》のご利益《りやく》あらたかにましますとも、いったん潰《つぶ》れたこの目は必ず開きはいたしませぬ。逃《のが》れようとて逃れられませぬは、仏法《ぶっぽう》で申す因縁事《いんねんごと》でござります。手前のこの目は一代開かぬと諦《あきら》めまして、彼方《かなた》の谷へ入ってあの世へやっていただきますほどに、あとに残って親兄弟や夫に先立たれ、頼《たよ》りのないお里が心優しいお方のところへ嫁入《よめい》りして、うれしい月日の暮らせますように、哀《あわ》れなお里の身の上をお守りなされてくださりませ」

南無阿弥陀仏《なむあみだぶつ》、弥陀仏《みだぶつ》と、念じ終わって立つ盲人《もうじん》。纏《まと》いし羽織《はおり》をそっと脱《ぬ》ぎ、手探《てさぐ》りながら袖《そで》だたみ、ふんわり置いた岩の上。草履《ぞうり》の紐《ひも》を解《と》き、裸足《はだし》になると杖《つえ》に通して岩へ立て掛《か》け、瀬《せ》枕《まくら》打って流れ行く、水音《みずおと》たよりに谷の淵《ふち》。こだまに響《ひび》く観音経《かんのんきょう》。身を躍《おど》らせて谷底へ。

家に戻りし妻お里。薬携《たずさ》え、心せくせく取って返した気もそぞろ。狼谷まで登ってみたが、夫の姿が見えぬにびっくり。

「沢市っつぁんとしたことが。私の戻りを待ちかねて、癪《しゃく》が治まり、ご礼拝所《れいはいじょ》へ行かしゃんしたか。怪我《けが》でもされては……」

一大事と、夫を思う真実心《しんじつしん》。爪先登《つまさき》りで壺坂山《つぼさかやま》を、こけつまろびつ、まろびつこけつ、ご礼拝所に来て探せども、なんで知れよう夫の姿。

「これはしまった。どうしよう……」

と胸の動悸《どうき》は高まるばかり。踵《きびす》返して、取って戻した狼谷。

藪中《やぶなか》、茨《いばら》のきらいなく、足の痛みはなんのその。

「里でござんす、沢市っつぁん。怪我《けが》でもして倒《たお》れてではござんせんか。わたしの呼ぶ声聞こえたら、返事してたべ、旦那殿《だんなどの》」

髪《かみ》は乱れてさんばら髪。鬢髪逆立《びんぱつさかだ》ち、まなじりキリリとつり上がる。両目血走り、唇の色は紫色《むらさきいろ》。面《めん》色《しょく》青ざめ、バタバタバタ、あちらこちらと駆《か》け探すうち、木の根につまずき、バッタリ倒《たお》れ、痛さこらえて女子《おなご》の一念《いちねん》。また起き上がって、よろよろよろ……。

「ここで別れて、いつの世に、会えようものぞ、会わせてたべ。大慈大悲の観音様、もし、沢市っつぁん、こちの人……。沢市っつぁん……」

〽声を限りに呼びたつれど　訪《おとず》るものはさらになく
かたえを見れば沢市が　家を出るとき纏《まと》うて出《い》でし紙子《かみこ》の羽織《はおり》
袖《そで》だたみにして岩の上　杖に草履を通して岩へ立て掛けある

見るよりお里は　玉の緒《お》切れんばかりに仰天《ぎょうてん》なし
ええええ　恨《うら》みますぞえ　沢市っつぁん
癪《しゃく》でもないのに嘘《うそ》言うて　私を家に戻しておき
お目の開かぬを苦になされ　谷へ入って死なしゃんしたか
死ぬなら死ぬとこの里に　何故《なぜ》おっしゃってはくださんせぬ

「目の見えないのに一人で死んで、弥陀《みだ》の浄土《じょうど》に行く道は、誰《だれ》を頼《たよ》りに行かしゃんす。沢市っつぁん、男の心は薄情《はくじょう》な、女子《おなご》の心は……」

〽そうじゃない
あなた一人はやりはせんと　今飛び込まんとするところへ
後ろの笹藪《ささやぶ》押し分けて　お里待てよと飛んで出る
悪人蝮《まむし》の伝九郎《でんくろう》の　魔《ま》の手を払って飛び込むから
観音様《かんのんさま》のご利益《りやく》で　沢市両目全快《ぜんかい》という
いとおめでたの物語

●作品の背景●

明治初期につくられた、原作者は未詳《みしょう》（よくわからない）の『観音霊場記《かんのんれいじょうき》』という浄瑠璃《じょうるり》が元とされた世話物《せわもの》（庶民の日常の出来事や風俗を扱った演目）です。

歌舞伎や講談でも演じられる演目ですが、浪曲に取り入れられて、自らも盲目《もうもく》であった浪花亭綾太郎《なにわていあやたろう》（明治二十二年（一八八九）～昭和三十五年（一九六〇））による「〽妻は夫をいたわりつ、夫は妻に慕《した》いつつ」の名調子で一躍《いちやく》有名になりました。

ここではその綾太郎が演じた『壺坂霊験記』の「お里沢市」の伝を紹介《しょうかい》しましたが、本来は主人公である座頭《ざとう》の三味線弾《しゃみせんひ》きである沢市が、どうして目が見えなくなったのかにはじまり、その妻お里の献身的《けんしんてき》な働きを描《えが》きながら、最後に壺坂寺の本尊《ほんぞん》である十一面観音《じゅういちめんかんのん》のご利益《りやく》で沢市の眼が開《あ》くまでの長い話です。

二人の夫婦愛を知った観音様の霊験《れいけん》によって、二人の命は助かり、また沢市の目も全快《ぜんかい》をするという、まさに「いとおめでたの物語」です。

知っておきたい用語集

壺坂寺《つぼさかでら》　奈良県高市郡高取町《たかいちぐんたかとりちょう》にある真言宗豊山派《しんごんしゅうぶざんは》の寺。「壺坂寺」は通称《つうしょう》で、正式には壺坂山南法華寺《つぼさかさんみなみほっけじ》と号す。弁基上人《べんきしょうにん》が大宝《たいほう》三年（七〇三）に開基《かいき》したと伝えられている。本尊《ほんぞん》は十一面千手観世音菩薩《じゅういちめんせんじゅかんぜおんぼさつ》。西国《さいごく》三十三所第六番札所《ふだしょ》。

願掛《がんか》**け**　神や仏に願い事をすること。願いをかなえてもらうために、神社や寺院に何度も参拝《さんぱい》したり、好きなものを絶《た》ったり、ある期間断食《だんじき》したりして心身を清浄に保ち、神や仏にその願いに対する真剣《しんけん》な気持ちや行動を伝えて霊験《れいけん》を期待するなどの方法をとることが多い。

浅黄《あさぎ》　薄《うす》い黄色。

あしびき

→あしひきの　「山」「峰《みね》」などにかかる枕詞《まくらことば》（和歌などで特定の語句の前に置く修飾語。）

みぞおち　胸骨《きょうこつ》の下、胸の中央にあるくぼんだ所。鳩尾《みぞおち》。

差《さ》**し込**《こ》**み**　胸や腹などに急に激しい痛みを感じること。→癪《しゃく》（後出）

合薬《あいぐすり》　数種の薬剤を調合すること。また、その薬。あわせぐすり。

十丈《じゅうじょう》

→丈《じょう》　尺貫法《しゃっかんほう》の長さの単位。十尺《しゃく》を指す。約三・〇三メートルに相当する。

癪《しゃく》　胸や腹が急に痙攣《けいれん》を起こして痛《いた》むこと。→差し込み（前出）

別嬪《べっぴん》　非常に美しい女性。

後《うし》**ろ指**《ゆび》**を指**《さ》**され**

→後ろ指　陰《かげ》で人の悪口を言うこと。

不憫《ふびん》　かわいそうなこと。あわれむべきこと。

冥途《めいど》　仏教の言葉で、死後、死者の霊魂《れいこん》がたどって行く道や亡者《もうじゃ》のさまよい行く世界。

大慈大悲《だいじだいひ》　仏語《ぶつご》で、一切衆生《いっさいしゅじょう》の苦《く》を取り除き、楽《らく》を与える広大無辺《こうだいむへん》な慈悲《じひ》。特に、観世音菩薩《かんぜおんぼさつ》の広大な慈悲。また、観世音菩薩。

仏法《ぶっぽう》　仏の説いた教え。仏の悟《さと》った真理。
因縁《いんねん》　仏語《ぶつご》で、物事が生じる直接の力である「因」と、それを助ける間接の条件である「縁」。すべての物事はこの二つの働きによって起こるということ。また、前世《ぜんせ》から定まった運命や宿命《しゅくめい》のこと。
瀬枕《せまくら》　川の早瀬《はやせ》（流れのはやい所）の波が岩や石などに激しくつきあたり水面より高く盛《も》り上がって見える所。水面を寝床《ねどこ》に見立てると、そこが枕にあたるところからいう。
踵《きびす》返して
→踵を返す　あともどりする。引き返す。
たべ　「与《あた》ふ」「授《さず》く」の尊敬語、「給《た》ぶ」の命令形で、お与えになる。下さる。
鬢髪《びんぱつ》　鬢（頭の側面の髪）の部分の髪《かみ》。また、頭髪《とうはつ》の総称。
紙子《かみこ》　紙でつくった衣服。紙衣《かみこ》。
玉の緒《たまのお》　命、生命。
弥陀《みだ》の浄土《じょうど》　阿弥陀仏《あみだぶつ》の住む極楽《ごくらく》浄土。
→浄土《じょうど》　仏語《ぶつご》で、一切《いっさい》の煩悩《ぼんのう》やけがれを離れた、清浄《しょうじょう》な国土。仏の住む世界。特に、西方《さいほう》浄土。

曲
浪曲
歌謡曲

佐渡情話
〈さどじょうわ〉

●作品のポイント●

昭和十一年（一九三六）に空前の人気にあやかって、映画会社の日活によって映画化された、浪曲師寿々《すず》木米若《きよねわか》の代表作です。

講談は「読む」というのに対し、浪曲（浪花節《なにわぶし》）は「唸《うな》る」といいます。この『佐渡情話』は、それまでの〝唸る〟浪曲（浪花節）から、新潟の民謡《みんよう》として知られる『佐渡おけさ』を取り入れて、「唄《うた》う」浪曲として多くの人々に受け入れられた演目です。

吾作《ごさく》という島外《とうがい》の男に恋をした、島で暮らす漁師《りょうし》の娘《むすめ》であるお光《みつ》が、今は海の向こうの越後国《えちごのくに》は柏崎《かしわざき》で暮らす吾作に会いたいばかりに、タライの舟に乗って、命をかけて島を出ようとする。そこに表れる恋心《こいごころ》と、二人の恋路《こいじ》を邪魔《じゃま》しようとする周囲の人物とのやり取りを描《えが》いた作品です。

世話物
親子
人情
恋愛

【本　題】

〽佐渡へ佐渡へと草木《くさき》もなびく
佐渡は居よいか住みよいか
歌で知られた佐渡島《さどがしま》
寄せては返す波の音
立つはカモメか群《む》れ千鳥《ちどり》
浜の小岩にたたずむは
若き男女の語り合い

お光《みつ》　ねぇ、吾作さん。明日はいよいよお別れね。柏崎《かしわざき》へ帰られたら、あたしのことなんか、すぐと忘れてしまうのでしょうね。

吾作《ごさく》　馬鹿《ばか》なことを言うもんでねぇよ、お光っつぁん、柏崎から漁に出て、時化《しけ》食らって、すでに生命《いのち》のねぇところを助けてくれたがお光っつぁんのお父《と》っつあん。元気にしてくれたがお前だ。今じゃこうしてお互《たが》いが、末は夫婦と堅《かた》い堅い約束。恩になったことを忘れるようじゃ、犬にも劣《おと》った奴《やつ》だもの。それよりか、いつも教えてくれたおけさ節一つ唄《うと》うて聞かせてくれ。はずかしい？　ほら、沖の方じゃ、カモメも仲良く遊んでいるよ。

〽恋しい男《ひと》に望まれて
声ほがらかに歌い出す
♪ハア、惚《ほ》れちゃならない他国《たこく》の人によ
末はカラスの鳴き別れ
〽唄《うた》い終われぱお光坊《みつぼう》は
男の胸に顔あてて
さめざめと泣くしおらしさ
雨の明日の海棠《かいどう》が
露《つゆ》を含める風情《ふぜい》あり

吾作　お前、何故《なぜ》、泣くだ。歌の文句にあるように、末はカラスの鳴き別れ。そのようなことになりゃしねぇかと泣くだな。大丈夫だ。おら、柏崎《かしわざき》に帰って、たとえ親兄弟に反対されようと、きっとお前を迎《むか》えに来るだ。

〽惜《お》しき別れを告げられて
吾作は帰る柏崎
後に残りしお光坊は

夢うつつにも恋人を
忘れかねてか ある夜のこと
波穏《おだ》やかを幸《さいわ》いに
心のうちじゃ神念《かみねん》じ
たらいの舟に身を乗せて
波に揺《ゆ》られて柏崎
思う恋人吾作の元へ
通いおるとは誰《だれ》知ろう
知るは天地の神様と
たらいを乗せし波ばかり

七之助《しちのすけ》　おお、お光、待ってくれ。待ってくれったら！
お光　あ、七ちゃん
七之助　この間から、お前のところへ手紙何本やったと思ってんだ。紙屋《かみや》の相場《そうば》の狂《くる》うくらいやったんだぞ。なぜ、返事をくれねえんだ。お光、俺《おれ》もお前も島に生まれて、島に育った幼《おさな》友達。子どもの頃《ころ》から、おいらお前が好きだった。な、お願いだ。おいらの女房《にょうぼう》になってくれ。お前が女房になってくれたら、好きな博打《ばくち》も酒もやめようじゃないか。頼《たの》む。

お光　何をするんです。放して、放してください。放さないと大きな声で人を呼びますよ。

七之助　それがお前の挨拶《あいさつ》か。読めた、わかった。世間の噂《うわさ》通り、お前は柏崎の吾作が好きになったんだな。よおし、俺も男だ。好きな女を世間の人に横取りされて、指くわえて黙《だま》っちゃいられねぇ。お前の身体《からだ》はこっちのもんだ。

とっさに湧《わ》いた嫉妬《しっと》から、むんずと掴《つか》んだ手を振《ふ》り切って、逃《に》げるを追い行く七之助。

お光　あれえ……。

鷹《たか》に追われた白鳩《しろばと》の、すでにこうよと見えたるとき、ばったり倒《たお》れた七之助。生爪《なまづめ》はがして流るる血潮《ちしお》たらたらたら。

七之助　あ、痛い。人の恋路《こいじ》の邪魔《じゃま》しやがる石ころめ。お光逃げやがったな。逃げようと隠《かく》れようと、佐渡島は波の上だ。今にほえ面《づら》かきゃあがるな。

〽吹くや松風《まつかぜ》音冴《さ》えて
今宵《こよい》の逢瀬《おうせ》楽しみに

いつものたらいの隠《かく》し場へ
来たりて見れば情けなや
誰《だれ》の仕業《しわざ》かいたずらか
たらいは壊《こわ》れて真っ二つ
昨日《きのう》の形の影《かげ》もなし

お光　あっ！　誰がこの舟を。そうだ、さっき会った七之助。恋のかなわぬ腹いせに、割ったに違《ちが》いないけれど、この舟割られて、私、どうしよう、何としよう。

〽心も髪《かみ》も振り乱し
さて恋人の名を呼べど
答えてくれるは寂《さび》しくも
岩に砕《くだ》ける波の音

茂平《もへい》　おお、そこにいるのはお光でねえか。お前があんまり帰りが遅《おせ》えので、迎《むか》えに来ただ。それにな、今、七之助の野郎が酒食ろうて真っ赤な顔をして家へやって来て、お前を嫁《よめ》にくれろと言うから、そう言ってやった。お前のような、飲む打つ買うの三道楽者《さんどうらくもの》の、この島での嫌《きら》われ者のお前のような男に、可愛《かわい》い一人娘《ひとりむすめ》がやれるかと言ってやっただ。まだ海の風は身に染《し》みるわい。

お光　あれ、綺麗《きれい》な月が、水と雲の間から、霞《かすみ》のように、あっ、あれは吾作の舟だ。銀色の舟が。

茂平　これ、何をつまらんことを言うだ。舟も銀もねえだ。

お光　寄るな触《さわ》るな、お前は悪魔《あくま》だ。白蛇《はくじゃ》だ。

茂平　親をとらえて悪魔だの白蛇だのと、これ、危ない！　これ！　何をするだ。この岩から落ちたら命がねぇだ。これお光、あぶねえ、あぶねえ。これ、待ってくれ、あっお前は。

〽げに世の中はままならず
因果《いんが》の胤《たね》は宿される
十月十日《とつきとうか》の月満《み》ちて
満ち来る潮《しお》ともろともに
お産平《たいら》の紐解《ひもと》けて
産み落とされしは男の子
悲しき中にも喜びの
孫《まご》に吾市《ごいち》の名をつける
風の吹く夜も厭《いと》いなく
わが子を抱《いだ》き波打ち際《ぎわ》

彼方此方《かなたこなた》とさまよいつ
波のあなたの柏崎
夢見る如《ごと》く打ち眺《なが》め
節《ふし》も乱るるおけさ節《ぶし》
♪ハア、佐渡と柏崎ぁ
棹《さお》さしゃ届くよ
何故《なぜ》に届かぬわが想《おも》い
〽坊やよい子だねんねしな
坊やのお守《も》りはどこ行った
あの山越えて里に行った
里のお土産《みやげ》何をもろた
でんでん太鼓《だいこ》に笙《しょう》の笛《ふえ》
鳴るか鳴らぬか吹いてみよ
唄い終わればまたも泣く

茂平　お光や、お前またここに来ていただな。ささ、坊やに風邪《かぜ》でもひかしたら大変だ。家へ帰ろうよ。ほおら、悪い雲が出やがったわい。柏崎の吾作どんが、時化《しけ》食らって、赤泊《あかどまり》の鼻渕《はなぶち》へ叩《たた》きあげられた日のように、嵐《あらし》になんなきゃいいがな。おお、沖やはるかに小舟がいっぱい、こっちへ来るようだが、早く港へ入りゃいいがなあ。

〽かかる時しも沖中に
波間隠れにチラチラと
白帆《しらほ》に風をはらまして
ドンと寄せ来る大波も
ビクともせずに立ち上がり
声を自慢《じまん》に唄《うた》い出す
沖のカモメに潮時《しおどき》聞けばよ
わたしゃ立つ鳥 波に聞け
来るは誰《だれ》あろ 恋人吾作
やがて舟は港口《みなとぐち》

吾作　おーい、茂平父っつぁんよー。
茂平　おお、そこへ御座《ござ》らしたのは吾作どんでねえか。
吾作　ああ、茂平お父っつあん、あの節《せつ》は色々とお世話になりました。早くお礼にあがろうと思ってましたが、深い訳もありまして遅《おそ》くなりました。みんな達者《たっしゃ》かね。
茂平　遅かった、遅かった、遅かった。吾作どんや、お光の姿見てくらせえ。
吾作　えっ、お光が！
茂平　でも、喜んでくらせまし、お前さまの子どもを産んでくれましただ。丸々太って、お前さまにそっくりだ。お光や、坊やこっちへ貸《か》せ。おほう、重くなった重くなった。ほーら笑《わろ》うている。アハハハ。お光、坊やお父っつあんに挨拶《あいさつ》しただ。お前もそれ、吾作どんに挨拶しろ。
吾作　お光、お光やぁい。

〽お光の手を取り抱《だ》きしめ
嘆《なげ》き悲しむ折も折
通りがかりし出家《しゅっけ》こそ
佐渡島根《しまね》に流されし
高祖日蓮大上人《こうそにちれんだいしょうにん》
哀《あわ》れと感じ給《たま》いけん
大上人はうずたかく
空に向かって法華経《ほけきょう》を
念じ給《たま》えば　あら不思議《ふしぎ》

海上はるかに

七字《しちじ》の題目《だいもく》現るる

お光の心静まりて

正気《しょうき》の人とよみがえる

語り伝えて佐渡情話

●作品の背景●

新潟県の佐渡島《さどがしま》に伝わる、島の娘と他国の男との悲恋《ひれん》の民話がベースにあり、昭和に入り、新潟県の農家に生まれた浪曲師の寿々木米若《すずきよねわか》（明治三十二年（一八九九）～昭和五十四年（一九七九））が、その民話と新潟の民謡《みんよう》として有名な『佐渡おけさ』を元につくり上げた作品です。

その『佐渡おけさ』は、佐渡を代表する民謡「おけさ節」の一つで、冒頭《ぼうとう》の「〽佐渡へ佐渡へと草木もなびく　佐渡は居よいか住みよいか」という有名な節《ふし》や、物語の中盤で「♪」を付した、「佐渡と柏崎ぁ　棹《さお》さしゃ届くよ　何故《なぜ》に届かぬわが想《おも》い」も、『佐渡おけさ』の文句です。

歌謡曲《かようきょく》では美空《みそら》ひばりが『ひばりの佐渡情話』（一九六二、作詞・西沢爽《そう》、作曲・船村徹《ふなむらとおる》）を歌い、大ヒットしました。

知っておきたい用語集

佐渡島《さどがしま》　新潟県に属す、新潟市北西の海上にある日本海最大の島。面積は約八五四平方キロメートル。江戸時代は幕府《ばくふ》の直轄領《ちょっかつりょう》で、佐渡金山《きんざん》で繁栄《はんえい》し、流刑地《るけいち》としても知られた。

柏崎《かしわざき》　新潟県南西部の市で、日本海に面し、宿場町《しゅくばまち》として発展した。

時化《しけ》　風雨のために海が荒《あ》れること。

おけさ節《ぶし》　新潟県の民謡《みんよう》で、一説では「おけさ」という遊女《ゆうじょ》を唄《うた》った酒盛《さかも》り唄の歌詞が発展して花柳界《かりゅうかい》（遊女などの社会）で流行したとされる。全国に見られるが、なかでも『佐渡おけさ』が有名。

海棠《かいどう》　バラ科の落葉高木。ミカイドウの別称《べっしょう》。

たらい船《ぶね》　たらいを船に用いたもの。

ほえ面《づら》をかく　悔《くや》しがって大声をあげて泣く。吠《ほ》え面をかく。

十月十日《とつきとおか》　十か月と十日を表し、俗に、胎児《たいじ》が母の胎内《たいない》にいる期間とされる。

でんでん太鼓《だいこ》　子どもの玩具《がんぐ》の一つで、小さな太鼓に柄《え》をつけ、左右に鈴《すず》のついた糸を垂《た》らしたもの。振《ふ》ると鈴が太鼓にあたって鳴る。

笙《しょう》　雅楽《ががく》に用いる管楽器《かんがっき》の一つで、十七本の長短の竹管を環状《かんじょう》に立てたもの。下方側面に指孔《ゆびあな》があり、側面の吹き口から吹《ふ》いたり吸ったりして鳴らす。

赤泊《あかどまり》　新潟県佐渡市の南東部にあった旧村名。

三道楽《さんどうらく》　人間の代表的な道楽や趣味《しゅみ》を指し、落語や浪曲などでは、男の三道楽として、「飲む、打つ、買う」、つまり「酒を飲む、博打《ばくち》を打つ、遊女を買う」ことを指す。

因果《いんが》　仏教用語で、行った善悪の行為《こうい》が結果となって現れるとする考え。特に、前世《ぜんせ》あるいは過去の悪業《あくごう》の報《むく》いとして、現在の不幸があるとする考え。

高祖《こうそ》　仏教で一宗一派《いっしゅういっぱ》を開いた高僧《こうそう》。

日蓮《にちれん》　鎌倉時代の僧《そう》で、日蓮宗の開祖《かいそ》。貞応《じょうおう》元年（一二二二）に安房《あわ》（現在の千葉県房総《ぼうそう》半島の南の端《はし》の地域）で生まれ、比叡山《ひえいざん》などで修学《しゅうがく》ののち、建長《けんちょう》五年

佐渡島のたらい船

［Wikipedia］

（一二五三）「南無妙法蓮華経《なむみょうほうれんげきょう》」の題目《だいもく》を唱《とな》え、法華経《ほけきょう》の信仰《しんこう》を説いた。辻説法《つじせっぽう》で他宗《たしゅう》を攻撃《こうげき》したために迫害《はくがい》され、『立正安国論《りっしょうあんこくろん》』の筆禍《ひっか》で伊豆《いず》に配流《はいる》（遠くの地に追放《ついほう》すること）された。その後も佐渡《さど》に流され、赦免《しゃめん》後は身延山《みのぶさん》に隠棲《いんせい》した。弘安《こうあん》五年（一二八二）入寂《にゅうじゃく》（亡《な》くなる）。立《りっ》正大師《しょうだいし》。

上人《しょうにん》　修行《しゅぎょう》を積み、智徳《ちとく》を備えた高僧《こうそう》のことで、浄《じょう》土宗《どしゅう》、日蓮宗《にちれんしゅう》、時宗《じしゅう》の僧の敬称《けいしょう》。

法華経《ほけきょう》　大乗仏教経典《だいじょうぶっきょうきょうてん》の一つ。天台宗《てんだいしゅう》と日蓮宗《にちれんしゅう》の中心聖典《せいてん》で、正しくは『妙法蓮華経《みょうほうれんげきょう》』。

七字《しちじ》の題目《だいもく》　妙法蓮華経《みょうほうれんげきょう》、すなわち法華経《ほけきょう》に帰依《きえ》する意。日蓮宗でその拠《よ》り所《どころ》とする法華経の加護《かご》を祈《いの》るときに唱《とな》える語で、「南無妙法蓮華経《なむみょうほうれんげきょう》」の七字の題目を唱《とな》えて、本尊《ほんぞん》に帰依する心を表すこと。お題目。

浪曲
歌謡曲

岸壁の母
（がんぺきのはは）

●作品のポイント●

戦争が人間にもたらすものとは、いったい何でしょう。

そうしたことを改めて深く考えさせられる、実際にあった出来事を浪曲化した親子物の作品です。

戦争は戦いが起きている間ばかりでなく、その争いが終わった後にも人々を不幸に追いやり、深い傷跡《きずあと》を残すものです。その中には、この作品で描《えが》かれるような、戦争によって引き裂《さ》かれてしまい、再会《さいかい》を待ちわびながら、日々の生活を送る家族も多く見られました。

この物語の主人公である母親が、遠い地で苦労をしている息子をどのように思い、そしてその子は母親や家族のことをどんなふうに思っていたのか。自分自身を投影《とうえい》しながら読み進めてみてはどうでしょうか。

世話物
歴史
親子
兄弟
人情
戦争
友情

【本　題】

弱きもの　汝《なんじ》の名は女なり
強きもの　汝の名を母と言う

〽母という名を負《お》い持ちて生きる女は
悲しさや憂《う》さや辛《つら》さにゃ負けはせぬ
わが子育てるためなれば　たとえ命を縮《ちぢ》めても
悔《く》いを残さぬ一筋《ひとすじ》の　強い心で突《つ》き進む
これが日本の母の道

「お母さん！　お母さん！」

「何だい、里子《さとこ》？　私はここにいるよ」

「手紙なの！　手紙が来たのよ」

「手紙？　どこからだい？」

「落ち着いてる場合じゃないのよ。ほら、この手紙よ。さ、早く読んで、ねえ！」

「何を慌《あわ》ててるんだい？　こっちへ寄越《よこ》しなさい。お前が持ってては読めないじゃないか。おかしな子だね」

「だってお母さん。ほら、この手紙はシベリアからよ。兄《にい》さんから来たのよ」

「えっ！　な、何だって？　信吉《しんきち》から？　何をグズグズしてるんだい。早くこっちへ寄越《よこ》しなさい。ああ、信吉……。里子、信吉が、あの子が生きてたんだ。生きていてくれたんだねえ」

「お母さん、よかった。よかったわ。さ、早く、早く開けて！」

「うん、もうとっくに死んでしまったと思って諦《あきら》めていたのに、あの子、生きててくれたんだ。ほら、元気な字だよ。うん、今読むよ、読むよ。里子、うれしいねぇ」

〽出征《しゅっせい》してから丸四年
終戦以来プッツリと　便りも途絶《とだ》えたことならば
死んだと思い諦めて　朝晩欠かさず仏壇《ぶつだん》に　お灯《あか》り上げて泣いていた
あの子が生きていてくれた　思いがけないうれしさに
震《ふる》える手先で封《ふう》切れば　昔ながらの筆《ふで》の癖《くせ》
見れば読むより胸迫《むねせま》り　涙《なみだ》が先立つ親心《おやごころ》

「お母さん、どうしたの？　早く読んで！」

「……里子、私にゃ読めない、読めないよ。お前、読んでおくれよ」

「はい、じゃあ、貸して……。

『お母さん、お元気ですか？

里子も達者《たっしゃ》でいると思います。僕も元気ですからご安心ください。

ここはシベリアの奥地《おくち》で、仕事は鉄道の敷設《ふせつ》ですが、軍隊生活で鍛《きた》えた身体《からだ》でも相当の重労働で、宿舎へ帰ると寝《ね》るだけが楽しみな毎日です。今度、ようやく手紙を許されたので、取り敢《あ》えず、丈夫《じょうぶ》でいることをお知らせいたします。お母さんのことだから、さぞ毎日心配なさっていたことだろうと思います。思えば小さいときから、お母さんには心配ばかりかけた僕《ぼく》でした。遠く離《はな》れて、今更《いまさら》ながら親不孝が身にしみて、いくら詫《わ》びても詫びきれない思いです。お母さん、堪忍《かんにん》してください。

お父さんが亡《な》くなったのは、僕《ぼく》が五つ、里子が二つのときと聞いていますが、小さかった僕は、お父さんのことは少しも覚《おぼ》えていません。でも、それからのお母さんの苦労は忘れることができません。大きくなったら、きっと親孝行をする。そしてお母さんの笑顔《えがお》を見るんだと、子ども心に誓《ちか》いを立てた僕でしたが、それもできずに軍隊に取られ、そして今また、ご心配をかけていると思うと、身を切られる思いです。お母さん、もう少し待っててください。そのうちにきっと帰れる日が来ると思います。そのときは、そのときこそお母さんが安心して笑顔を見せてくれると信じています。

お母さん、僕は毎朝起きると、〝お母さんおはよう〟と挨拶《あいさつ》し、夜寝るときも、〝おやすみお母さん〟と欠かさず言っています。僕の今の親孝行は、この朝晩二回の挨拶だけなのが残念です。晴れて顔をあわせて、おはよう、おやすみの挨拶をしたい。そしたらどんなに幸せだろうと思うと、涙《なみだ》がこぼれて止まりません。

お母さん、朝は五時、夜は八時。信吉の、親不孝な信吉の、せめてもの心持ちを受けてください。お願いいたします……』。

（涙をすすり上げながら）お母さん、私、読めない。もう読めないわ」

「里子……」

「お母さん！ 無事《ぶじ》でよかったわねえ。兄さん、きっと帰ってくるわ。……きっと」

「そうだとも。帰って来るとも。でもあの子、朝晩挨拶してると言うんだろう？ 私もそれに合わせて挨拶をしよう。ね、〝信吉おはよう、信吉おやすみ〟と。声はシベリアまで聞こえなくとも、心は、私の心はきっと信吉に届くよ」

「そうだわ。届くわ。届きますとも。お母さん、里子も一緒に挨拶するわよ」

「今日から始めようじゃないか。神様、どうか私たちの言葉をシベリアのあの子の所まで運んでください。お願いいたします」

「あ、そうだわ。いけない。あのね、お母さん。シベリアと日本では時間が違《ちが》うのよ。こっちの五時は、シベリアではまだ夜が明けない時間だわ。私、学校でそう習ったのよ」

「まあ、じゃあどうしたら同じときに挨拶ができるんだい？」

「わからないわ。シベリアといっても広いんですもの。シベリアのどこだかわからなくては仕方がないのよ。大抵、二、三時間は違うと思うの」

「二、三時間？ いいよ。じゃ三時間違いということにしよう。いえ、きっとそうだよ。三時間だよ。今は何時だい？ 今、八時だ！ じゃあ、今、シベリアでは五時だよ」

「お母さん、ちょうどいい時間だわね」

「信吉、おはよう……」

「兄さん、おはよう……」

「ほら、信吉がおはようと言った。聞こえたよ、聞こえたよ。遠い遠いシベリアから信吉の声が聞こえた。私たちの声だって、きっと信吉に届いたよ。そうとも、届いたとも。里子、神様のおかげだよ」

〽遠く離《はな》れたシベリアと　海を隔《へだ》てた日本で　声が聞こえるはずはない
とても言葉は届かぬが　愛と情につながれた　母と子どもの真心《まごころ》の糸は
海越え山越え　雪の荒野《こうや》の信吉の　耳に響《ひび》いてくれるだろ
それを唯一《ゆいいつ》の楽しみに　霜《しも》の朝《あした》も雨の夜《よ》も
わが子偲《しの》んで挨拶の　声もいつしか涙ぐむ
母の心の尊《とうと》さが　神に通じてソ連から
捕虜《ほりょ》を還《かえ》してくるという　うれしい知らせが訪《おとず》れる

「里子、行って来るよ。今夜のおやすみと、明日の朝のおはようはもう言わなくともいいよ。だって信吉はもう船の中だろ。日本へ帰れると言うんで、うれしくてうれしくて、おはようもおやすみも忘れてるさ。そうだろう？　明後日《あさって》は信吉を連《つ》れて帰るからね。どうなってるかしら。痩《や》せてるだろうねぇ、苦労をしたんだもの。お前、うんとご馳走《ちそう》をつくってておくれ。いえ、なあに、信吉さえ帰れば、世帯《しょたい》の方は何とでもなるさ。ねえ、当分は休ませてやるつもりだけど、元来が働き者だから、いつまでも遊んでやしないよ。じゃあ、里子、留守番《るすばん》を頼《たの》んだよ」

しかし、この母の期待は裏切《うらぎ》られ、初の帰還船《きかんせん》に信吉の姿はなかった。そしてこの日から、母親の舞鶴《まいづる》行きが始まったのである。帰還船の入る度《たび》に、岸壁《がんぺき》に立つ母の姿。そしてその度《たび》ごとに悄然《しょうぜん》と帰る母の姿。しかしこの母はくじけなかった。帰らぬわが子の姿を求め、休む間《ま》もなく母は岸壁に立つのだった。

♪母は来ました　今日も来た
この岸壁に　今日も来た
とどかぬ願いと　知りながら
もしやもしやに　もしやもしやに
ひかされて

呼んで下さい　おがみます
ああおっ母さん　よく来たと
海山千里《うみやませんり》と　いうけれど
何で遠かろ　何で遠かろ

母と子に

バンザーイ、バンザーイ、バンザーイ……。

「今日もあの子は帰って来なかった……。あの手紙以来、何の便《たよ》りもないのは、もしかしたら信吉は……。いいえ、そんなはずはない。あの子はきっと帰って来る。今にきっと元気な姿で戻《もど》って来るに違いない。信吉、そうだね？　私はいつでも待ってるよ」

「もしもし、あのォ」

「はい、私ですか？」

「間違《まちが》ったらごめんなさい。もしかしたら花村《はなむら》のおばさんじゃありませんか？」

「ええ、花村ですけど、あなたは？」

「やっぱりそうだった。自分ですよ。ほら、松山の金二《きんじ》ですよ」

「え、松山の？　ああ、金二さん。まあ、あなたこの船で？」

「やっと帰れました。おばさん、おばさんは信吉君の出迎《でむか》えですか？」

「はい、でも、無駄足《むだあし》でねえ」

「そうか、まだ信吉君は帰らんのですか？」

「で、あなたは、あの、出迎《でむか》えは……」

〽と言いかけてハッとして　口をつぐむのも無理はない
母に死なれて父親と　二人暮らしの松山は
金二が出征《しゅっせい》した後で　父は病の床《とこ》に就《つ》き
隣《となり》近所の人たちの　看護《かんご》の甲斐《かい》なく五年前
倅《せがれ》の名前を呼び続け　哀《あわ》れ儚《はかな》く死出《しで》の旅
晴れて日本へ戻れても　誰《だれ》も迎えるはずはない

「あの日、村で出征《しゅっせい》したのは、信吉君と自分の二人だけでしたね」

「そうでしたね。あの日のことは忘れません。でもあなたは無事《ぶじ》に帰れてよかったねぇ」

「もう岸壁には誰《だれ》もいませんが、なぜ親父は自分を迎《むか》えに来なかったんでしょう?」

「金二さん、それは、あの……」

「おばさん、もしかしたら、親父は……」

「ええ、病気で。あなたの帰りを待ちかねて、金二、金二と言いながら……」

「ええっ！　じゃ、親父は……」

「金二さんっ！」

運命は皮肉《ひにく》である。折角《せっかく》帰って来た者に迎える人はなく、待ちわびて迎える親に帰る人は来ない。互《たが》いの不幸を胸に、連《つ》れ立って故郷へ帰る二人は、言葉少なに慰《なぐさ》め合ううち、不思議《ふしぎ》な親しさが生まれてくるのだった。

そして、ひと月、ふた月、家《うち》はあっても温かい家庭のない金二は、親にはぐれた雛鳥《ひなどり》がよその巣の母鳥《ははどり》を慕《した》うように、朝に晩に訪《おとず》れて甘《あま》えるのを温かい翼《つばさ》で迎えるこの母は、いつかわが子の身代《みが》わりとまで思うのだった。

「お母さん、今日はどうしたのかしら？ 金二さん、来ないわね？」

「そうだね。折角お前が金二さんに食べさせようと、栗《くり》ご飯《はん》を炊《た》いたのに」

「あら、そういう訳じゃないけど」

「ご飯が冷《さ》めたらまずくなるから、お前、ちょっと見に行っておいでよ」

「そうね、じゃ行って来るわ」

〽いそいそ出て行く後影《うしろかげ》　見送る母が背戸口《せどぐち》に
出れば一本柿《ひともとかき》の木が　枝もたわわに熟《う》れている
この柿の木は信吉が　生まれたときに植《う》えたもの
見れば昔の思い出が　胸に浮かんで懐《なつ》かしく
柿の赤さが目にしみる

「お母ちゃん、僕の柿が熟れたよ。もう採《と》ってもいいだろう？ 里子、おいで！」

「兄ちゃん、うまそうだね。早く採って」

「うん、ほら、こんなに赤いよ。あっ、里子、いけないよ、すぐ食べちゃぁ」

「どうして？　どうして食べちゃいけないの？」

「お初《はつ》はね、お父ちゃんにあげるんだよ。ね、お母ちゃん。そうだね？」

「まあ、信吉はよく覚《おぼ》えてるんだねぇ」

「忘れないさ。さ、お母ちゃん、これを仏壇《ぶつだん》にあげてよ。一番大きいんだよ」

「信吉、お父ちゃん、きっと喜ぶよ。お前は本当に親孝行なんだねぇ」

「その次に大きいのはお母ちゃんだ。さ、お母ちゃん食べてみて」

「信吉、ありがとうよ」

「兄ちゃん、里子ももう食べていいの？」

「いいよ。だけど、お前も食い意地《いじ》ばっかり張ってないで、覚えておくんだよ。お父ちゃんとお母ちゃんが食べてから、僕たちが食べるんだ。いいかい？」

「うん、わかった。あたいは兄ちゃんが食べてから食べるんだね？」

「そうだよ。ほら、うまいだろう？」

「うん、おいしいね。とっても甘いよ」

〽兄妹二人が睦《むつ》まじく　小さな身体《からだ》を寄せ合って

笑いさざめく柿の下　そんな楽しさどこへやら
可愛《かわい》い倅《せがれ》の信吉は　雪の荒野《こうや》のシベリアで
飢《う》えと寒さに襲《おそ》われて　生きているやら死んだやら
思い出すたび咳《せき》上げる

「ごめんくださいい。花村さんはこちらでしょうか？」

「はい、花村ですが、どちら様で？」

「あっ、お母さんですか？　自分は山田と申しまして、花村上等兵《じょうとうへい》とシベリアで一緒《いっしょ》にいた者です」

「ええっ、信吉と！　まあ、どうぞお上がりになって。あの、それで信吉は？」

「はあ、ひと足先に帰れましたので、ぜひ、訪《たず》ねてくれと言伝《ことづて》を頼《たの》まれて……」

「じゃ、信吉は、あの無事《ぶじ》でいるんですね。里子、里子や。信吉のお友だちの方が見えたんだよ」

「まあ、それで兄はどのようでしょう？」

「はあ、自分が帰るときは病気でして……」

「えっ！　あの子、あの子が病気？」

「はい。もう長い間寝たっきりで、帰還《きかん》の順番は来ているんですが、何しろ歩けない状態でして……」

「そんなに重い病気なんでしょうか？」

「労働の疲《つか》れからで、花村君だけでなく、大勢《おおぜい》病気になりました。自分も三か月ばかり病院生活をして、ちょうど隣《となり》のベッドが花村君でした。帰れたら、ぜひ母と妹に様子《ようす》を伝えてくれと頼《たの》まれまして……」

「それはどうもご親切に。それであなたはいつお帰りになったんですか？」

「はあ、二か月前です。すぐお訪ねしようと思ったんですが、何しろ身体《からだ》が弱っていたものですから」

「そうでしょうとも。でも、よくお出《い》でくださいました。ありがとうございます」

「花村君は元気ですよ。おもしろいことに、朝晩お母さんに挨拶を送っているので、もう病院中、大評判《だいひょうばん》でして」

「まあ、あの子は今でも挨拶をしてるんですか？　おはよう、おやすみの挨拶を……」

〽あれから何年　今もなお
休まず「おはよう」「おやすみ」と　忘れず送ってくれるのか
遠く離《はな》れたシベリアの　雪に埋《う》もれた病院で
一人寂《さび》しく故郷《ふるさと》を　思い起こしておはようと
つぶやく息子の寝姿《ねすがた》を　そっと瞼《まぶた》の裏《うら》に描《か》きゃ
いじらしいやら悔《くや》しいやら　早く会いたい顔見たい
いいえ募《つの》る思いに血が煮《に》える

信吉が無事でいるとの知らせは、母の心を奮《ふる》い立たせた。ともすれば、心の張りを失いがちの母の舞鶴行きにも力が入った。しかし、ひと月、ふた月、半年、一年。信吉は帰って来なかった。二年、三年。まだ信吉の姿は見えない。

♪悲願《ひがん》十年　この祈《いの》り
神様だけが　知っている
流れる雲より　風よりも
つらいさだめの　つらいさだめの
杖《つえ》一つ

●作品の背景●

戦後、流行歌として、菊池章子《きくちあきこ》や二葉百合子《ふたばゆりこ》によって唄《うた》われた『岸壁の母』がベースにあり、ここでは多くの「母もの」を得意にした浪曲師・天津羽衣《あまつはごろも》（昭和三年（一九二八）～五十七年（一九九二））の口演《こうえん》によるものを紹介《しょうかい》しました。

太平洋戦争がもたらしたシベリア抑留《よくりゅう》と、引揚船《ひきあげせん》で日本に帰還する兵隊とその家族を描《えが》いた物語で、ここに登場する母親は、実際に当時のソ連からの引揚船が入港する舞鶴の港に立った、端野《はしの》いせ（明治三十二年（一八九九）～昭和五十六年（一九八一））がモデルであったとされています。その息子であった新二《しんじ》は戦後も生存していたなど諸説ありますが、結局、母と子が再会することはできませんでした。

知っておきたい用語集

弱きもの　汝《なんじ》の名は女なり　強きもの　汝の名を母と言う　「弱き者よ汝の名は女なり」は、シェークスピアの『ハムレット』に登場する表現で、坪内逍遥《つぼうちしょうよう》の訳による。自分の母が夫の死後、夫の弟と結婚してしまったことを嘆《なげ》いたハムレットによるセリフ。

シベリア　旧ソ連、現在のロシア連邦のアジア地域の主要部分を構成する領域。

シベリア抑留《よくりゅう》　太平洋戦争終了時に、中国の東北地方やサハリン、千島などで、当時のソ連の捕虜《ほりょ》となった日本軍兵士などがシベリア地方に連行され、抑留されて強制労働に従事させられたこと。戦後に抑留された日本人は約五十七万五千人に上り、飢《う》えや病気で約五万五千人が死亡した。

出征《しゅっせい》　軍隊に加わって戦地に行くこと。

舞鶴《まいづる》　京都府北部の市。舞鶴湾の奥《おく》にある港湾《こうわん》、商工業都市。旧海軍の軍港から発展し、旧ソ連や中国大陸からの引揚船《ひきあげせん》の入港地だった。

帰還船《きかんせん》

→引揚船《ひきあげせん》　外国から引き揚げて本国に帰る人を乗せる船。特に太平洋戦争後、外地《がいち》での生活を引き払って日本に帰国する人を乗せた船。

悄然《しょうぜん》　元気がなく、うちしおれているさま。しょんぼり。

背戸口《せどぐち》　家の裏側《うらがわ》の出入口。うらぐち。せとぐち。

お初《はつ》

→初物《はつもの》　その季節に初めて収穫《しゅうかく》した野菜や果実、穀物、魚介《ぎょかい》。はしり。まだ誰《だれ》も手をつけていないもの。

上等兵《じょうとうへい》　旧日本陸軍の兵の階級の一つで、兵の階級の最上位である兵長の下、一等兵の上。

浪曲 落語

紺屋高尾

〈こうやたかお〉

世話物 夫婦 人情 廓 恋愛

●作品のポイント●

この話の冒頭《ぼうとう》でも披露《ひろう》されていますが、落語のマクラ（噺《はなし》の導入部）でも、「傾城《けいせい》の恋《こい》はまことの恋なら金持って来《こ》いが本《ほん》当の恋なり」という句が紹介《しょうかい》されることがあります。傾城とは吉原《よしわら》で働く遊女《ゆうじょ》のことで、遊廓《ゆうかく》での恋は本当の恋ではなくて、金を持って来い！というのが本当の恋だということです。吉原は遊女と客が疑似恋愛《ぎじれんあい》を楽しむ場所ですから、そこには本当の恋は生まれないということですが、ここで取り上げるのは、吉原《よしわら》で働く遊女の最高位である花魁《おいらん》と、紺屋《こうや》で働く職人の身分違《ちが》いの恋を描《えが》いた話です。

この手の恋愛話では、身分の差が二人の邪魔《じゃま》をすることがあります。紺屋の職人は自分をよく見せようと思いますが、相手に恋心を抱《いだ》いたときに自分の嘘《うそ》を恥《は》じ、それを謝《あやま》り、自分の正直な思いを告げます。そして、その正直な思いを知ったときに、相手もまたその気持ちを受け取ってくれる……。そうした恋愛模様《れんあいもよう》は古今東西、変わらないものであることを教えてくれる一席です。

【本　題】

〽若きうち　血気《ちのけ》いまだ定まらず　これを戒《いまし》むるは色《いろ》にあり
傾城《けいせい》の恋はまことの恋ならず　金持って来いがまことの恋
女郎《じょろう》のまことと卵の四角《しかく》　あれば晦日《みそか》に月が出る
女郎の書く文《ふみ》まことない　筆《ふで》に狸《たぬき》の毛が混《ま》じる
傾城にまことないとは言うけれど　まことあるまで通《かよ》いもせず
ふられて帰る野暮《やぼ》なお客の憎手口《にくてぐち》
まことありゃこそ今が世に　目黒に残る比翼塚《ひよくづか》
梅が一つで種《たね》二つ　二つ碁石《ごいし》が江戸の華《はな》

「やいやい、留公《とめこう》、おい、留公」

「へい」

「どうしたんだ久造《きゅうぞう》は。なんだか二《に》、三日《さんにち》仕事場に姿を見せねえじゃねえか」

「なんですか、一昨日《おととい》から、急に身体《からだ》の具合が悪いてぇんで、寝《ね》てるんですが……」

「何だ、病気か？」

〽ちょうど今から二日前
兄弟子衆《あにでししゅう》に連《つ》れられて　吉原《よしわら》の夜桜見物《よざくらけんぶつ》
ワーワーという人声に　何事《なにごと》ならんと振《ふ》り向き見れば花魁道中《おいらんどうちゅう》
あまた新造《しんぞう》禿《かむろ》に取り巻かれ　ひときわ目立つよい女
ああ　あれが傾城傾国《けいせいけいこく》といい　金さえあれば自由になるものか
わしも男と生まれた冥加《みょうが》には
たとえ一晩一時《ひとばんひととき》でも　ああいう女とともに話がしてみたいなあ兄弟子と言ったなら
馬鹿野郎《ばかやろう》！　ありゃ今　吉原で全盛《ぜんせい》の　江戸町二丁目三浦屋抱《みうらやかか》え高尾太夫《たかおだゆう》
たとえ百万石《ごく》の大名が　金を山ほど積んだとて
「わちきは嫌《いや》でありんす」と横に頭《かぶり》を振《ふ》ったなら
自由にならぬ女でこそあれ
十万石の格式ある入山形《いりやまがた》に二つ星《ふたぼし》　松《まつ》の位《くらい》の太夫職《たゆうしょく》
たかが紺屋《こんや》の職人《しょくにん》で　及《およ》ばぬ恋の滝登《たきのぼ》り
諦《あきら》めてしまえとただひと口に脅《おど》かされ　そのまま戻《もど》ってきましたが
さてそれからというものは　寝ては夢　起きてはうつつ幻《まぼろし》の
煩悩《ぼんのう》の犬追えども去らず　菩提《ぼだい》の鹿《しか》は招《まね》けど来《きた》らず
水に映《うつ》りし月の影《かげ》　手に取れざると知りながら

ぐっしょりと濡《ぬ》れてみたいが人の常《つね》　恋は思案《しあん》の帆掛《ほか》け船《ぶね》
どこの港に着くのじゃやら　この道ばかりは別物じゃ

そこは苦労の末の親方《おやかた》です。

「馬鹿《ばか》野郎！　なんだ相手は女郎《じょろう》じゃねぇか。入り山形に二つ星、松の位の太夫職がなんでぇ、どんなものでも金さえありゃ自由になるのが花魁《おいらん》じゃねぇか。くよくよしてねえで、高尾太夫を買って、病気を治《なお》しちまえ！」

「それじゃ親方、私のような者でも金さえありゃ、あの花魁買うことができますかい？」

「そうだとも、立派《りっぱ》な客にしてくれるよ」

「へい、では私はこれから、一生懸命《いっしょうけんめい》働いて十五両ためて、あの花魁買うことにいたします。とても患《わずら》っている場合じゃございません」

って言いやがって、これからお勝手へ飛び出して、いっぺんにお茶漬《ちゃづ》け十二杯《はい》かっこんだ。いや仕事場へ出て働くのなんの。

「三年経《た》ちゃ高尾が買える。十五両たまりゃ高尾が買える。高尾が十五両で、十五両が高尾で、高尾が三年……」

「うるせいなあこん畜生《ちくしょう》が、黙《だま》って仕事をしろよ」

〽去る者日々に疎《うと》しとやら　ふた月ばかり経《た》ちましたら

高尾のことをすっかり口にしなくなったから、まあいいや、この調子でいきゃ結構だと思っている。

〽昨日の雪は今日の花 早や三年の月日が経つ

「おはよう存じます」

「ああ、おはよう」

「あのう……、親方……」

「ええ？」

「あのう……、妙《みょう》なことをお尋《たず》ねするようですが……」

「うむ、うむ」

「親方にちょいちょいお預《あず》けしました金、どのくらいたまりましたろう？」

「久公《きゅうこう》、手前《てめえ》に言われて気が付いたぞ。夕べ、あんまり退屈《たいくつ》だからな、女房を相手に算盤《そろばん》をパチパチってやってみるてぇと、どうでえ十八両と二分、おっそろしくためやがったたな」

「はあ、ありがとう存じます。あのう、親方……」

「なんだよ」

「あの、まことに相済《あいすみ》いませんがね」

「ああ」

「どうかそん中から十五両お出しなすって……」

「あれ？　おっそろしい買い物しやがんだな。そりゃ久公、手前《てめえ》の金だから出すよ。出さねえことはねえが、十五両を何に使う？」

〽忘れちゃいやだ親方さん　三年の間　寝《ね》る目《め》も寝ずに働いたも　みんな高尾が買いたいため

「まだ思ってやがらあ。執念深《しゅうねんぶけ》え野郎《やろう》だなぁ。まあ行ってこい行ってこい！」

〽お玉が池を後にして 参りましたが吉原の ひときわ目立った山口巴《やまぐちともえ》
三年の間 寝る目も寝ずにためた銭《ぜに》　一夜《いちや》で使う十五両
金は惜しいと思わねど　せめてこんな夜が三日ほど延びてくれりゃよい
意地《いじ》が悪いや　カアーカアー
早や東雲《しののめ》の明烏《あけがらす》　軒《のき》の雀《すずめ》の声々に　チュウよコウよと告《つ》げるとき
その夜もほどなく明け渡《わた》る
寝顔《ねがお》見せるは客に対して失礼と　先に起きたる花魁《おいらん》が

うがい手水《ちょうず》で身を清め　鏡台前《きょうだいまえ》で薄化粧《うすげしょう》
長火鉢《ながひばち》のその前で　朱羅宇《しゅらお》の長煙管《ながぎせる》に　ふんわり詰《つ》めた薩摩《さつま》の銘葉《めいよう》
一服《いっぷく》吸って二服目つけ　久造の方を眺《なが》むれば
寝床《ねどこ》の中では久公《きゅうこう》が　起きてよいやら悪いやら　モジモジしていると

二服目の煙草《たばこ》をつけて久造の寝ている枕元、静かににじり寄って、

「主《ぬし》、お目覚《めざ》めでありんすか。一服吸いなまし」

「ありがとう存じます」

「わちきのような不束者《ふつつかもの》、よう名指《なざ》してくんなました。またお裏《うら》にはいつ来てくんなます？」

「へえ、あの、さ、さ、三年経《た》ったらまた参ります」

「まあ、昨日今日《きのうきょう》のお客はんは、明日《あす》来るの明後日《あさって》じゃのと言いなますに、主《ぬし》に限って三年とは、きつう長いじゃあありませんか」

「花魁！　おめえにそう言われるてえと、おらぁ隠《かく》しに隠し切れねえから、ぶちまけたところを言うが、実は上総《かずさ》の久留里《くるり》のお大尽《だいじん》の息子てえのは嘘《うそ》で、お玉が池の紺屋六兵衛《こんやろくべえ》の内職人《うちしょくにん》の、おら久造《きゅうぞう》という者さ。

花魁、驚《おどろ》きなさるな、もっともだがなあ。

三年前にお前の姿を見て、寝ては夢、起きてはうつつ幻《まぼろし》の、及《およ》ばぬ恋と知りながら、どうしても諦《あきら》めることができず、いっそ死のうと思ったところ、親方さんに励《はげ》まされ、てめえのようなものでも金さえありゃ

あ、あの花魁買うことができると言われたので、三年の間、一生懸命《いっしょうけんめい》働いて、寝る目も寝ずに、ためたお金が十八両二分……。そのうちから夕べ十五両持ってきたようなわけだ。花魁、そりゃお前のそばだ、このままでもいてえ。明日《あす》も来てえ、明後日《あさって》も来てえんだが、たかが紺屋《こんや》の職人で、十五両なんて金がなかなかできるわけのものじゃねぇ。これからまたうちへ帰って、一生懸命働いて、三年経って十五両たまったら来る。三年目にいっぺん、三年目にいっぺん……。

しかし花魁、おめえのような器量《きりょう》よし、とてもこの廓《くるわ》で長く勤《つと》めていなさるわけはねえ。お大尽《だいじん》に身請《みう》けされ、ご新造《しんぞう》になるか、それともお囲《かこ》い者《もの》になるか、そのほどはわからねえが、もし途中《とちゅう》で出会ったら、木で鼻《はな》くくったようにひょいと横を振《ふ》り向かねぇで、久《きゅう》はん、無事《ぶじ》かとひと言《こと》言ってくれたら、おらぁこんなうれしいことはない。花魁！」

これが久造の一生のお願いだと、感極《かんきわ》まって花魁の打掛《うちかけ》の袖《そで》にすがってワッとばかりに泣き出だした。朱羅宇の長煙管、逆《さかさ》について吸い口を額《ひたい》に当て、下うつむいて伏目《ふしめ》がち。久造の言うことをじっと聞いていました高尾太夫、何を思ったか、ホロリッと落としたひと滴《しずく》。持ったる煙管《きせる》投げだして久造の手をしっかりとらえ、押《お》し頂き、

「主《ぬし》……、そりゃ本当でありんすか。今の言葉が本当なら、来年三月、年《ねん》が明《あ》けた時には、眉毛落《まゆげお》として歯を染めて、あなたのおそばへ参ります。必ず見捨《みす》ててくんなますなえ……」

と、何しろどうも、夏大根《なつだいこん》に白魚《しらうお》を五匹並べたような綺麗《きれい》なやさしい手で、久公《きゅうこう》のシミだらけになったごつごつした手をグーッと握《にぎ》ったとさ。

〽遊女は客に惚《ほ》れたと言い　客は来もせでまた来ると言う
嘘《うそ》と嘘との色里《いろざと》で　恥《はじ》も構《かま》わず身分まで　よう打ち明けてくんなました
金のある人わしゃ嫌《きら》い　あなたのような正直な方を捨ておいて　他に男を持ったなら
女　冥　利《おんなみょうり》に尽きまする　卑《いや》しい稼業《かぎょう》はしていても　わしもやっぱり人の子じゃ
情《なさ》けに変わりがあるものか　義理という字は墨《すみ》で書く

「花魁……、そんなこと言うたら、馬鹿《ばか》だから本当にするで」

〽花魁に送り出され久造は　手《て》の舞足《まいあし》の踏《ふ》みどを忘れ
戻《もど》り来ましたお玉が池　親方六兵衛に話をする

「馬鹿野郎《ばかやろう》！　だから若い奴《やつ》はいけねえってんだ。それが女郎の手練手管《てれんてくだ》。そんな甘口《あまくち》に引っかかるてえと、手前《てめえ》とんでもねえことになるぞ」

「それでもね、親方、夫婦になったときに、たとえ箪笥《たんす》の一本でも余計に買ってくんなましと、この通り三十両くれましたぜ」

「ほー、妙《みょう》なことがあるもんだな」

〽来年三月高尾が来る　来年三月高尾が来る
高尾が三月　三月高尾で　高尾が三月……

「またはじめやがった」

〽その年すんだ明くる年　約束違《ちが》わず三月半《なか》ば　表に着いた駕籠一挺《かごいっちょう》
あまた若い衆揃《ぞろ》いの半纏《はんてん》　威勢《いせい》よく駕籠の垂《た》れをば上げましたら
中から出《い》でた水の垂《たる》るよなよい女
紺屋の六兵衛はんのお宅はこちらでありんすか　私ゃ高尾でございます
久《きゅう》はんいるならどうぞ会わしてくんなましと
なまめかしい里言葉《さとことば》　奥《おく》で聞いたる久造が　何で忘れよう高尾の声
あわてて店へ駆《か》け出して　ひょいと表を見ましたら
廓《くるわ》で勤めたそのときは　自慢《じまん》で結《ゆ》うた立兵庫《たてひょうご》
今は変わりて　眉毛落として歯を染めて　赤い手柄《てがら》の大丸髷《おおまるまげ》　立派《りっぱ》にできた女房《にょうぼ》ぶり
お、お前は花魁《おいらん》かと喜び勇んで取りすがろうとした途端《とたん》に
あまり慌《あわ》てて久造が　藍甕《あいがめ》中《ちゅう》にとボチャンと落ちた
紺屋の六兵衛飛んで出て　実にあなたは遊女の模範《もはん》

暦《こよみ》なんぞがいるものか　暦いらずの小半合酒《こなからざけ》か　末長芋《すえながいも》や鮒膾《ふななます》
高砂《たかさご》やこの浦船《うらぶね》に帆《ほ》を上げてと　立派に祝言《しゅうげん》できまして
六枚屏風《ろくまいびょうぶ》のそのかげで　比翼《ひよく》に並んだ男と女
一年余り長月《ながつき》を　待ちに待ったる今日《きょう》の日に
積もる話の数々をしたかせなんだか　こちゃ知らぬ
あくる朝にとなりましたら
丸髷こわして櫛巻《くしま》きで 仕事場さして出《い》でまして　ともに久造のお手伝い
このことお江戸の評判《ひょうばん》となる
吉原で全盛極《ぜんせいきわ》めた高尾太夫が　たかが紺屋の職人の女房になるとは不思議《ふしぎ》なこと
やれ行けそれ行け　たとえ晒《さらし》の一反《いったん》でも 染めてもらわにゃ先祖《せんぞ》にすまぬと
朝もはよから詰めかけるで　大変店も繁盛《はんじょう》する
紺屋の六兵衛隠居《いんきょ》して　久造が二代目六兵衛継《つ》ぎまして
夫婦の中に子までなし　立派な家庭をつくりました
傾城《けいせい》まことの恋は 紺屋高尾の読み切り談は　まずこれまで……

●作品の背景●

大正末期に浪曲師の初代篠田実《しのだみのる》（明治三十一年（一八九八）～昭和六十年（一九八五））がレコードに吹き込み、人気を呼んだ物語の、ここではそのショートバージョンを取り上げました。

紺屋の職人である主人公の久造が自分が何で病気になったのかを話す場面や、三年経《た》って吉原に行きたいと親方にごねる様子《ようす》。そして、やっと出会えた高尾太夫が久造の思いを聞き、今度は自分の気持ちを伝えるシーンなどが、ここでは簡略化されて演じられています。

近年ではテレビ番組『にほんごであそぼう』で、「うなりやベベン」という名で出演していた国本武春《くにもとたけはる》（昭和三十五年（一九六〇）～平成二十七年（二〇一五））が十八番にしていました。

また、落語でも演じられており、やはり『にほんごであそぼう』に出演していた柳家花緑《やなぎやかろく》が得意にして演じています。さらに落語では、主人公が紺屋の職人ではなく、搗米屋《つきごめや》（玄米《げんまい》を精白して売る店）の奉公人《ほうこうにん》が吉原の幾代太夫《いくよだゆう》に恋をするといった同工異曲《どうこういきょく》（見かけは異なっていても、中味は一緒であること）の『幾代餅《いくよもち》』といった話も盛んに演じられています。

なお、「紺屋」は本来は「こんや」と読みますが、音変化した「こうや」と呼ぶのが一般的で、ここでも「こうやたかお」とルビを振《ふ》っています。

知っておきたい用語集

紺屋《こうや》　布地の染色《せんしょく》を職業とする家や職人で、元々は藍染屋《あいぞめや》を指したが、のちには広く染物屋を言うようになった。

傾城《けいせい》　遊女《ゆうじょ》のこと。↓後出「傾城傾国」を参照。

傾城傾国《けいせいけいこく》　容姿《ようし》の美しさで人の心が魅了《みりょう》されて、国や城が傾《かたむ》いて滅《ほろ》びてしまうという意味から、絶世《ぜっせい》の美女のたとえ。

女郎《じょろう》　遊廓《ゆうかく》で遊客と枕《まくら》をともにする女。遊女《ゆうじょ》。

晦日《みそか》に月が出る　旧暦では晦日（月末）には月が出ないことから、ありえないことのたとえ。

憎手口《にくてぐち》　憎まれ口のこと。負け惜《お》しみ。

比翼塚《ひよくづか》　愛し合って死んだ男女を一緒に葬《ほうむ》った塚。

目黒《めぐろ》に残る比翼塚　東京都目黒区にある目黒不動尊《めぐろふどうそん》の仁王門《におうもん》前に、歌舞伎『鈴《すず》が森《もり》』で知られる白井権八《しらいごんぱち》のモデルになった平井権八《ひらいごんぱち》とその愛人・小紫《こむらさき》の比翼塚が現存している。

花魁道中《おいらんどうちゅう》　花魁が馴染《なじ》みの客を迎《むか》えに廓内《かくない》の茶屋などへ出向くときの行き帰りなどに、美しく着飾《きかざ》って遊廓《ゆうかく》の中を練り歩いたこと。

新造《しんぞう》　吉原《よしわら》などで、新しくつとめに出た若い遊女《ゆうじょ》。

禿《かむろ》　遊里《ゆうり》で一人前の遊女《ゆうじょ》になるための修業《しゅぎょう》をしている六〜七歳から十三、四歳までの少女。

冥加《みょうが》　気がつかないうちに授かっている神仏の加護《かご》・恩恵《おんけい》。また、思いがけない幸せ。

入山形《いりやまがた》に二《ふた》つ星《ぼし》　吉原《よしわら》を紹介したガイドブックである『吉原細見《よしわらさいけん》』などに記《しる》された花魁《おいらん》のランクのうち、花魁道《どう》中《ちゅう》ができる最高位の花魁に付けられた印。

松《まつ》の位《くらい》の太夫職《たゆうしょく》　遊女の最上位である太夫職のこと。

及《およ》ばぬ恋《こい》の滝登《たきのぼ》り
↓及ばぬ鯉《こい》の滝登り　どんなに努力しても見込《みこ》みがないこと、いくら希望しても不可能なことのたとえ。ここでは、「鯉」と「恋」をかけている。

煩悩《ぼんのう》　人間の心身《しんしん》の苦しみを生み出す精神の働き。

菩提《ぼだい》　煩悩を断ち切って、悟《さと》りの境地に達すること。

煩悩の犬は追えども去らず菩提《ぼだい》の鹿《しか》は招《まね》けども来たらず　付きまとって離れない犬のように、煩悩は考えまいとしても心から離《はな》れようとしないが、いくら呼んでもなかなか近づいてこない鹿のように、悟《さと》りというものは得ようと思っても容易に得られるものではない、という意味。

恋《こい》は思案《しあん》の帆《ほ》掛《か》け船《ぶね》

→恋は思案の外《ほか》　男女の愛情や恋情《れんじょう》（恋心《こいごころ》）は、常識で説明できるものではないということ。

去る者日々に疎《うと》し

→去る者は日々に疎し　死んだ人や付き合いのなくなった親しかった人のことは、月日が経つとだんだんと忘れてしまうこと。

お玉《たま》が池《いけ》　東京都千代田区神田にあった池。またその周辺の地名。お玉という女性が投身《とうしん》したことから、その名が付いた。

山口巴《やまぐちどもえ》　吉原《よしわら》の大門《おおもん》をくぐって、すぐ右側にあった茶屋《ちゃや》。

東雲《しののめ》　東の空がわずかに明るくなる頃《ころ》。明け方。あけぼの。

手水《ちょうず》　手や顔などを水で洗うこと。また、その水。

羅宇《らお》　煙管《きせる》の雁首《がんくび》（煙管の先端にありタバコを詰《つ》める火皿）と吸い口とをつなぐ竹の管。ラオス産の竹を用いたことからついた呼び名。

わちき　わたし。江戸の遊女や芸妓《げいぎ》などが用いた語。

不束者《ふつつかもの》　気のきかない人。行き届かない者。

お裏《うら》

→裏《うら》を返《かえ》す　遊里で初めて遊んだ遊女のところに二度目にやって来て、再び買い、遊興《ゆうきょう》すること。

大尽《だいじん》　お金持ち。散財する人。

身請《みう》け　芸妓《げいぎ》や遊女などの身代金《みのしろきん》を払って、年季《ねんき》（ここでは遊女を働かせる一定の期間）の済まないうちに、その商売をやめさせること。

ご新造《しんぞう》　他人の妻の敬称《けいしょう》。武家《ぶけ》の妻や富裕《ふゆう》な町家《ちょうか》の妻の敬称。特に新妻《にいづま》や若女房《わかにょうぼう》に用いた。

囲《かこ》い者　別宅《べったく》などに住まわせておく正妻でない女性。妾《めかけ》。

木で鼻をくくる　無愛想《ぶあいそう》にふるまう。冷淡《れいたん》にあしらう。

打掛《うちかけ》　帯を締《し》めた上から羽織《はお》る丈《たけ》の長い小袖《こそで》。

眉毛《まゆげ》落として歯を染めて　女性が結婚をして眉をそり

落とし、お歯黒《はぐろ》にすること。また、結婚すること。

女冥利《みょうり》に尽《つ》きまする

→女冥利に尽きる　一般的には、女に生まれてこれ以上の幸せはないという意味だが、ここでは正直な人を捨てて、他の男の人と結ばれたら、女の幸せは終わってしまうという意味。

踏みど　足で踏《ふ》む所。足を踏み込《こ》む所。踏み場。ふみど（踏み所、踏み処）。

手練手管《てれんてくだ》　人をだまして操《あやつ》る技巧や方法。

甘口《あまくち》　うわべだけの相手の気持ちをそそるうまい言葉。甘言《かんげん》。

半纏《はんてん》　防寒用や仕事用の和服の上着で、形は羽織《はおり》に似ていて、腰ぐらいの丈《たけ》のもの。

水の垂《たる》るよな

→水の滴《したた》るよう　水がしたたるようにみずみずしく魅力的な美男美女の容貌《ようぼう》のこと。

里言葉《さとことば》　遊里《ゆうり》で遊女の使った独特《どくとく》の言葉づかい。廓《くるわ》詞《ことば》。地方のなまりのある言い方。いなかことば。国言葉《くにことば》。

立兵庫《たてひょうご》　女性の髪《かみ》の結《ゆ》い方の一つで、多く遊女が結《ゆ》ったもの。

丸髷《まるまげ》　女性の髪形《かみがた》の一つで、楕円形《だえんけい》の型を入れて丸い髷《まげ》を結《ゆ》うもの。既婚者《きこんしゃ》が結った。

暦《こよみ》なんぞがいるものか　暦を見て大安など日柄《ひがら》を選んで祝言《しゅうげん》（結婚式）あげるのがふつうだが、ここでは喜びのあまり、暦などを見ずにすぐに祝言をあげたことを指す。

小半合酒《こなからざけ》　一升《しょう》の四分の一。少量の酒。

比翼《ひよく》に並ぶ

→比翼の契《ちぎ》り　夫婦の契（夫婦になる約束をして交わりを結ぶこと）をすること。夫婦仲よくすること。

櫛巻《くしま》き　女性の髪形《かみがた》で、櫛巻き風のもの。庶民の女性が洗髪《せんぱつ》の後などに無造作《むぞうさ》に結《ゆ》った。

曲談
浪講歌舞伎落語

慶安太平記より怪僧善達（けいあんたいへいき／かいそうぜんたつ）

●作品のポイント●

この物語の真の首謀者《しゅぼうしゃ》は、駿河国《するがのくに》の染物屋《そめものや》の息子であったとされる由井正雪《ゆいしょうせつ》（慶長《けいちょう》十年（一六〇五）～慶安《けいあん》四年（一六五一））です。幕府《ばくふ》による政策の批判《ひはん》と、この時代、増え続けていた浪人《ろうにん》の救済《きゅうさい》を掲《かか》げて、徳川幕府転覆《てんぷく》の野望《やぼう》を抱《いだ》き、槍《やり》の名手《めいしゅ》である丸橋忠弥《まるばしちゅうや》（生年不詳～慶安四年（一六五一））をはじめとした多くの仲間を集めて、その準備を行った人物です。

ここで紹介する物語の主人公は、増上寺《ぞうじょうじ》の僧である善達《ぜんたつ》（生没年不詳）です。江戸を出発し、京都へ向かう途中、得体《えたい》の知れぬ（正体《しょうたい》不明）飛脚《ひきゃく》に誘《さそ》われ、三千両の大金を運ぶ紀州《きしゅう》の御用《ごよう》飛脚を襲《おそ》おうとする様子《ようす》が描《えが》かれています。

悪党どもを中心とした登場人物たちによる駆け引きの様子とともに、浪曲特有の道筋や舞台の変化を、洒落《しゃれ》や縁語《えんご》などで結びつけていく言葉遊びとともに描いていく「道中《どうちゅう》付け」の面白さも味わって下さい。

歴史

【本　題】

〽慶安の陰謀録《いんぼうろく》　記憶いたせるを読み奉《たてまつ》る

「いやあ、お前方《がた》に来てもらったというのは他の訳じゃない。実は京都の親寺《おやでら》まで使いに行ってもらいたいのだが、何十日かかってもいいという使いじゃないのだ。行きが五日《いつか》で帰りが五日、往復十日《とうか》。日割《ひわり》にすれば二十五里《り》歩くことになるが、誰《だれ》か京都まで使いに行くものはないか。用というのは三百両という大金を届けてもらうのだが、もし、東海道のその途中で護摩《ごま》の灰《はい》に出会って、その金を取られてしまえば、お前が返《へん》金《きん》をするんだ。それが出来なければ命を取られてしまうんだが、それを承知《しょうち》で使いに行ってもらいたい。お前はどうだ?」

「私はそういう物騒《ぶっそう》なお使いでしたら、お断《ことわ》りを……」

「その隣は?」

「あたくしもお断りを……」

「その後ろは?」

「相撲《すもう》の番付《ばんづけ》で」

「何だい?　相撲の番付というのは……」

「蒙御免《ごめんこうむる》」

「変なところで洒落《しゃれ》てちゃ困るな。誰《だれ》か使いに行こうという者はないのか？」

護摩の灰が恐《こわ》いというのでしょう。誰一人として使いに行こうという者がいない。しばらくすると、「そのお使いなら私が……」と言って出てきたのが、大黒堂《だいこくどう》の別当《べっとう》、善容《ぜんよう》の徒弟《とてい》の善達《ぜんたつ》といって、身の丈《たけ》六尺二、三寸、でっぷり太った赤ら顔の大入道《おおにゅうどう》。

「お前はそんな大きな身体《からだ》をして、一日、二十五里歩けるかい？」

「二十五里ぐらい何でもない。今日歩けと言われたら、四十里から五十里ぐらい走れます」

「それは頼《たの》もしい。それではこの使い、お前に頼んだからな」

その晩休むと夜が明ける。

墨染《すみぞめ》の袈裟衣《けさごろも》、ねずみ木綿《もめん》の着物に、手《て》っ甲脚絆《こうきゃはん》、履《は》き替《か》えのわらじを五、六足、南蛮鉄《なんばんてつ》一尺八寸の護《ご》身用《しんよう》の如意《にょい》を腰《こし》に差して、三百両を下っ腹へ巻き付けて、明六《あけむ》ツ合図《あいず》に、芝三縁山増上寺《しばさんえんざんぞうじょうじ》を出た。

赤羽橋《あかばねばし》までやって来ますと、右に高くそびえて見えますのは有馬《ありま》様の火《ひ》の見櫓《みやぐら》。この下の土塀《どべい》のところへ、両掛《りょうが》けを置いて、腰を掛《か》けて煙草《たばこ》をくゆらしている一人の男。歳は四十を五つか六つ越えた、眉間《みけん》から頬《ほお》にかけて傷《きず》のある、ひと癖《くせ》あり気《げ》で、印半纏《しるしばんてん》の襟地《えりじ》には新橋《しんばし》、もう片方には神崎屋《かんざきや》としてあります。

善達がやって来ると、頭から足の先までジーッとその姿を見ているので、さすがの善達も薄気味《うすきみ》が悪くなってきます。

「なんだ、あいつは。わしの姿をジロジロジロジロ見ているが、ことによったら護摩の灰かな。まだ東海道へ出ないのに、もう灰がついてきたのか。なあに、わしは足が速いのだ。こんな奴《やつ》を巻くのに訳はない」

〽伊皿子《いさらご》の坂下から　高輪《たかなわ》の萬松山泉岳寺《まんしょうざんせんがくじ》前で
庚申堂《こうしんどう》から早や八ツ山までかかってきて
飛脚《ひきゃく》は両掛《が》け担《かつ》いでついてきた
なおさら急いで青物横丁《あおものよこちょう》へやって来ると
飛脚は右へと切れて行く

その姿を見ていた善達は、
「仙台坂《せんだいざか》を上《のぼ》っていくところを見ると、あいつは池上《いけがみ》の本門寺《ほんもんじ》に使いに行く奴《やつ》だな。わしのことを池上の坊《ぼう》主《ず》と間違えたんだな。それじゃあ、あいつは護摩の灰ではなかったか。鶴亀《つるかめ》、鶴亀《つるかめ》」

〽やれありがたやと善達が
次は鮫洲《さめず》の泪橋《なみだばし》　八幡《はちまん》を越えて大森の
早くもかかる六郷《ろくごう》の　わしも越すのだ乗せてくれ
船はそのまま川中の　ひょいと見たらば　さっきの飛脚が乗っている
きまりが悪い善達がひょいと横向けば

「どうです坊さん、あっしの方が早かったね。お前さんはズーッと先へ行っちゃったと思ってたがね。あっしは芝新橋《しばしんばし》の神崎屋《かんざきや》の飛脚で、池上の本門寺様へ手紙を二本頼まれたから、そいつを放り込んで、坂を下《くだ》ってこの渡《わた》しへ来たばかりだ。どうだい坊さん、一緒《いっしょ》に行きやしょう」

「早いったって、遅《おそ》いったって、大きなお世話じゃないか。一緒に行こうったって、どこへ一緒に行くんだい」

「どこへって、お前さん、京都の知恩院《ちおんいん》へ行くんでしょ？ 行きが五日、帰りが五日、往復十日ってんだ。日割にすると二十五里《り》歩くんだろう？」

「気持ちの悪い野郎だな。そりゃあそうだが、それでもなあ、行きは四日《よっか》で帰りが四日、往復八日《ようか》で帰って来て、褒美《ほうび》をもらおうと思ってるんだ」

「坊さん、そんなに歩けるのかい？ 俺《おれ》は飛脚だから、八十里から百里ぐらいは一日に歩くんだ。でもな、そんなに急ぐ旅でもない。だからね、一緒に行きましょう。それにな、これから先は護摩の灰がひょこひょこ出るよ。お前、三百両持ってるんだろう？」

「おや、こりゃ、お前が護摩の灰か？ そうとなりゃ、船から上がったら、今度はわしが急いで、どのくらい歩くかわからない」

船の中で腹帯をしっかり結び直すと、当たるよ当たるよという船頭の声で、船は横づけになります。

ごめんごめん、ごめんごめんと船から上がると、その善達の速いこと。

〽船から上がれば　間もなく川崎　鶴見《つるみ》で

生麦《なまむぎ》 子安《こやす》で神奈川から
青木《あおき》ヶ台《がだい》 保土《ほど》ヶ谷《がや》 戸塚《とつか》で はや藤沢《ふじさわ》
右が大山街道《おおやまかいどう》で 左が南郷《なんごう》の松原で 馬で乗り込む馬入《ばにゅう》の渡《わた》し
槍《やり》も長押《なげし》に平塚《ひらつか》から 花水橋《はなみずはし》をばちょろりと越して
右が高麗寺山《こうらいじさん》で 左が 唐 ヶ原《もろこしがはら》
大磯《おおいそ》がしやと小磯《こいそ》から 寒紅梅《かんこうばい》が梅沢《うめざわ》の名物は 鮟鱇《あんこう》の吊《つ》るし切りで
一杯《いっぱい》やったらうまかろうが なかなか呑《の》んではいられない
坂はきげんで 蓮台腰《れんだいごし》から 三枚橋《さんまいばし》をば渡りまして 箱根の山中へ
善達は丸い頭から熱湯《ねっとう》の湯気《ゆげ》立てて つま先登りで登ってきた
こんなに急いで来たのだから 飛脚は付いては来なかろうと……

汗拭《あせふ》きながらヒョイと見たら、飛脚の奴はニコニコ笑ってくっ付いてきた。

「どうしたい坊さん、もっと登らねえかい。後押しをしてやろうか。何だい四十里も歩くようなことを言ってたじゃねえか。俺はな、途中で温かいお茶をゆっくり飲みながら、弁当を食ってきたよ。お前はいくら威張《いば》ったって、もう歩けねえだろ？ これっぱかりの道を歩くのに、ハアハア言ってるじゃねえか。ね、一緒に行こうよ。なんでもいいから一緒に行こう」

「だ、ダメだい」

「ダメかい？　ダメだって言ったって、俺はくっ付いて行っちまうよ。俺の方が足は速いんだから。お前が急げば俺も急ぐし、お前がゆっくりなら俺もゆっくりだ。お前が野宿《のじゅく》なら俺も野宿、お前が宿屋なら俺も宿屋だ。こうなるからには見逃《みのが》さねえ」

「気持ち悪い野郎だな。しょうがねえな。あきらめて一緒に行こう……」

と、その日は二人で箱根で宿泊《やどど》まり。

〽さても見事な朝景色《あさげしき》
左に高く聳《そび》えるは　見れば白雪《しらゆき》　中は雲
そは霞《かすみ》の富士の山
右を見下ろしゃ　賽《さい》の河原《かわら》が地獄谷《じごくだに》
箱根枕《まくら》で寝《ね》たならば　夢に三島《みしま》の明神参詣《みょうじんさんけい》済ませて
酒も悪けりゃ沼津《ぬまづ》に行こう　腹（原）の痛みも吉原《よしわら》の
寝たと思えば今朝興津《けさおきつ》　その夜は駿府《すんぷ》の宿泊まり

飛脚は宿の女中へ、九《ここの》ツになったら「明六《あけむ》ツ」だと言って二人を起こして欲しいと頼みます。そこで女中の「明六ツですよ」という声を聞くと、飛脚は「いつまで寝てんだい。明六ツだ、先を急ぐよ」と言ってきたので、善達は傍《そば》にあった衣《ころも》を頭から被《かぶ》りまして、飛脚の案内で、握《にぎ》り飯《めし》を腰《こし》にぶら下げて宿屋を出ると、安倍川《あべがわ》の川べりまでやって来ます。

「おいおい、明六ツだって言うんで出てきたが、ちっとも夜が明けないじゃないか。それに明六ツならもう出ていていい、人足《にんそく》連中が一人も出ていないよ。これはことによると、まだ夜中だよ」

「それなんだよ、坊さん。俺もさっきからおかしいおかしいと思っていたんだが、宿屋の女中は寝《ね》ぼけて、時を間違えて起こしたに違《ちが》いねえ」

「どうすんだい？ 夜が明けるまで、こんなところでまごまごつ立ってはいられないぞ」

「宿へも戻《もど》れねえしな、この川を渡《わた》っちまおう」

「渡っちまおうって言ったって、人足がいないじゃないか」

「もう二、三町《ちょう》上がるとね、浅瀬《あさせ》に丸太が渡してあるんだ。そいつを二人して渡ろうよ」

〽飛脚の案内で善達が　中空高く十三夜《じゅうさんや》
月の明かりを頼《たよ》りとして　水上《すいじょう》をよそに二三町
安倍川越せば　宇津《うつ》ノ谷《や》の峠《とうげ》を登る二人が
樹木が生《お》い茂《しげ》って、昼でも暗いと噂《うわさ》のある宇津ノ谷峠。ましてやまだ夜が明けきらないんですから真《しん》の闇《やみ》。

「おいおい、飛脚」

「なんだい、坊さん、何をもたもたしてるんだい？　ここにな辻堂《つじどう》があるんだ、坊さん、一服《いっぷく》やっていこう」

「こんな暗い所で一服やってないで、ふもとへ下って、明るくなってから一服やればいいじゃないか」

「ビクビクすることはねえや。安心してそこに掛《か》けねえな」

善達が心のうちで考えた。こいつが一人なら恐《こわ》いことはないが、手下《てした》とか若い者が大勢《おおぜい》出てきたらかなわないと思うから、恐々《こわごわ》、濡《ぬ》れ縁《えん》の端《はし》っこの方にお尻《しり》の半分だけ腰を掛けた。

しばらく経《た》つと岡部《おかべ》へ向かって、エッサッサ、ドッコイショノショ！　と、四天《よてん》で長持ちを担《かつ》いで登って来る。この声が近くになって来ると、今まで腰かけていた飛脚がむっくり立ち上がって、煙管《きせる》をその場へ放って、ツカツカッと往来の真ん中へ出て行くと、上がってきた長持ちの棒鼻《ぼうはな》をトーンと一つ突《つ》く。

「お頭《かしら》かい？」

「静かにしねえかい。首尾《しゅび》はどうした？」

「上首尾《じょうしゅび》だ。紀州三度《きしゅうさんど》の金飛脚《かねびきゃく》が馬に三千両を付けてくる」

「ようし、そいつは俺《おれ》が引き受けた。構《かま》わねぇから、お前《め》ェたちはいつものところへふけちまえ」

みんなは鞠子《まりこ》へ向かっていきます。そばで聞いていた善達が驚《おどろ》いた。

「おい、飛脚。今、来たのはなんだい？」

「あれはあっしの手下《てした》だ」

「手下って言うと、お前はなんだい？」

「へへへ、坊さん、極《き》まりが悪いが、俺は護摩の灰よ」

「そうだろうよ。俺は最初からそう思って心配してたんだ」

「妙《みょう》な言い方するな。お前が腹に納めている二百や三百の半端《はんぱ》な金に目がくらむんじゃねぇや。実はな、俺は徳川様には恨《うら》みがある。徳川にからんだ金なら、なんでもこっちへ取っちまう。今日、御三家《ごさんけ》紀州様が徳川様へ納める軍用金の三千両を盗《ぬす》むんだが、仕事が粗《あら》いんで東海道の上《のぼ》り下《くだ》りが止まるから、坊さんすまねぇが、俺を連《つ》れて京都の嵐山《あらしやま》まで逃《に》げてくんねぇ。もし途中でお役人に食い止められたなら、あたくしゃ芝三縁山増上寺、大黒堂の別当、善容の徒弟《とてい》の善達でございますと……」

「何だい、こいつは俺の名前まで知っていたのか」

「うん。これはなんだ? って聞かれたときには、こいつはあたくしのお供《とも》でございます。新橋神崎屋《かんざきや》の飛脚で十兵衛《じゅうべえ》と申します。そう言って、俺を一つ京都まで連れて行っておくれ」

「それでお前はその三千両をどうするんだよ」

「持っていく訳にはいかないよ。これから数えて三つ目の石を持ち上げると、下が迦陵塔《かろうとう》になっているから、そこへこの三千両を埋《い》けていくんだよ」

「埋けっぱなしか?」

「何を言ってるんだ、もってえねぇじゃねぇか。あとで掘《ほ》り出して使うんだ」

「お前一人で使うのか?」

「何人で使ったっていいじゃねぇかよ! お前は苦労性だねぇ。一人で使う訳にはいかないよ。この街道沿《かいどうぞ》いには二、三十人若い者がいるんだ。そいつらに分けてやるのさ」

「じゃあ何かい？　若い奴には分けてやっても、俺《おれ》にはくれないのか？」

「面白《おもしろ》いね。俺にくんないのか？とは気に入ったね。お前さんの気性《きしょう》がうれしいから、どうだい坊さん、十両出そう」

「十両？　ハッハッハッハ。十両じゃダメだ」

「じゃ、幾《いく》らさ」

「半分だ」

「冗談言っちゃいけないよ。何を寝《ね》ぼけたことを言ってるんだい？　お前に半分持ってかれちゃったら、しょうがねえじゃねえかよ。三千両って言うと大きいようだが、若い奴らに分けてやってごらん、そうすりゃ、わずかな額だ。ダメだい」

「じゃあこうしよう。半分取ればかわいそうだから、一割出せ。金儲《かねもう》けなどというものは、一人でするものではない。あんまり太いことをするな」

「どっちが太いんだよ。そんなに出せねえや」

「出せなきゃお断りだ」

「そうか、それじゃあしょうがねえ……。おう、坊主！　もう少し前へ出ろ！　俺がここへ差しているのは、こけおどかしに下げているんじゃねえぞ。こいつは人間の骨が切れるようにできているんだ。俺をただの護摩の灰だと思っていると、とんでもねえ間違《まちが》いだぞ。俺は信州上田《うえだ》の真田幸村《さなだゆきむら》の家来《けらい》で、まことの名前は高坂《こうさか》の甚内《じんない》と言って、世にあるときには駒木根流《こまきねりゅう》の火術《かじゅつ》の指南役《しなんやく》よ。元和《げんな》元年五月七日、大坂落城《らくじょう》のときに、平野大念仏《ひらのだいねんぶつ》の焼き討ちに口火《くちび》をつけたご当人だ。そんな偉《えら》い奴《やつ》とも知らないで、『十両いただければ結構です。お前さんを連れて京都まで逃げます』と、今からでも折れてくれれば、俺も気持ちを直して十両やって、坊さんと崇《あが》めて京都まで連れてってもらうんだが、この野郎、いつまで四《し》の五《ご》の言ってやがると、叩《たた》き斬《き》って、手前《てめ》ェの持ってる三百両もこっちへ取っちまうぞ！　やい、返答《へんとう》しろい！」

「おい！　頭が丸いって言ったって、馬鹿にするな。やい、護摩！　俺が黙《だま》って聞いていりゃ、図《ず》に乗りやがって、何を抜《ぬ》かしやがる。俺だって、親代々《おやだいだい》の坊主じゃねえや。今、俺の名前を聞かせてやるから、俺の名前を聞いて風邪《かぜ》ェひくなよ。おれは元和元年五月七日、大坂落城のときに、河内国本多山《かわちのくにほんだやま》のふもとで、わずか徳川勢三千のために討《う》ち死にをした大坂七手組《しちてぐみ》の総大将、前名を岩見重太郎兼相《いわみじゅうたろうかねすけ》、今は改めて、薄《すすき》田隼人正《だはやてのしょう》兼相《かねすけ》の忘れ形見《がたみ》。徳川の御代《みよ》になって、徳川の捕《と》らわれの身になるのは残念と、今じゃ頭を丸めて、大黒坊《だいこくぼう》の別当《べっとう》になった善達だ。頭丸めて、抹香臭《まっこうくさ》い飯を食べるのも飽《あ》きたから、どうか世の中へ出てぇと思っていたんだが、先立つものは金だ。幸い、紀州の金が三千両。それがここへやって来るなら、俺が叩き斬っちまう。俺が三千両を巻き上げてやる。手前《てめえ》ェを生かしておくと十両ばかりやらねぇとならねぇから、ついでにお前《め》ェを叩っ斬る！」

「なんだと？　太《ふて》ェ坊主だ、こん畜生《ちくしょう》！」

斬り込んでくる奴を、善達は一足後へ飛び下がると、腰へ下げていた南蛮鉄《なんばんてつ》一尺八寸の護身用の如意《にょい》を出して、それをガッチリと受け止めて、後ろへ下がる。鼻をつままれてもわからない真の闇の宇津ノ谷峠。互《たが》いに声を頼《たよ》りに斬り込《こ》もうとしているところへ、ふもとの方からシャリンシャリンと靴《くつ》音高く、紀州の金飛脚が登って来る……。

〽お時間になりました
まずはこれで預《あず》かる次第

●作品の背景●

これからいよいよというところで話は終わってしまいましたが、このあと、善達は知恩院《ちおんいん》に上納金《じょうのうきん》を届け、その帰り道に護摩の灰や追《お》い剝《は》ぎを退治《たいじ》し、その様子を見ていた由井正雪《ゆいしょうせつ》の誘いを受けて、その一味に加わります。

「慶安太平記」は徳川の天下を覆《くつがえ》そうと、慶安四年（一六五一）に起きた、浪人の由井正雪や丸橋忠弥《まるばしちゅうや》による慶安事件を扱った物語です。歌舞伎では『樟紀流花見幕張《くすのきりゅうはなみのまくばり》』という河竹黙阿弥《かわたけもくあみ》の作で演じられることがあります。

最近では、二〇二〇年に六代目の神田伯山《はくざん》という大名跡《だいみょうせき》を襲名《しゅうめい》する予定の講談の神田松之丞《かんだまつのじょう》が連続物として読んでいますが、ここでは浪曲の世界で得意とした初代木村重松《きむらしげまつ》（明治十年（一八七七）～昭和十三年（一九三八））と二代目重松（明治三十七年（一九〇四）～昭和四十一年（一九六六））が演じたものをベースに再構成して紹介しました。現在では同じ木村派で、重松の系統にある木村勝千代《きむらかつちよ》が聞かせてくれます。

知っておきたい用語集

里《り》　長さの単位。一里は約三・九キロメートル。

護摩《ごま》**の灰**《はい》　旅人を脅《おど》したり、だましたりして金品をまき上げる者。胡麻《ごま》の灰。胡麻《ごま》の蠅《はえ》。

蒙御免《ごめんこうむる》

→御免《ごめん》**を蒙**《こうむ》**る**　官許《かんきょ》（ここでは幕府《ばくふ》の許可）を得て、相撲《すもう》を興行《こうぎょう》する。木戸《きど》や番付《ばんづけ》に「蒙御免《ごめんこうむる》」の三字を記《しる》すのが通例《つうれい》であった。

別当《べっとう》　ここでは寺の業務をつかさどる責任者。

大入道《おおにゅうどう》　ここでは坊主頭《ぼうずあたま》の大男を指す。

袈裟《けさ》　僧侶《そうりょ》が身に付ける衣の上に左肩から右腋《わき》下にかける布。

手っ甲脚絆《こうきゃはん》　旅行などのさいに、身に付ける布。手っ甲《こう》は手の甲と腕《うで》の前の一部を覆《おお》い、脚絆は脛《すね》に巻く。

南蛮鉄《なんばんてつ》　室町《むろまち》時代末期《じだいまっき》から江戸時代において、外国産の精錬《せいれん》した鉄の名前。甲冑《かっちゅう》や刀剣《とうけん》などの材料として用いた。なんばんがね。

如意《にょい》　読経《どきょう》や説法《せっぽう》の際に講師となる僧がたずさえる棒状の具。

明六《あけむ》**ツ**　現在の午前六時ごろ。

有馬様《ありまさま》**の火**《ひ》**の見櫓**《みやぐら》　赤羽橋（増上寺の南西にかかっていた橋）付近にあった久留米藩有馬家上屋敷《かみやしき》の火の見櫓。

両掛《りょうが》**け**　江戸時代の旅行用の荷物を入れる行李《こうり》（竹や柳、籐などを編んでつくった籠《かご》）。

印半纏《しるしばんてん》　襟《えり》や背に屋号や名前を染《そ》めた半纏。

鶴亀《つるかめ》　ここでは、縁起直《えんぎなお》しにいう語。「つるかめ、つるかめ」の形で用いる。

飛脚《ひきゃく》　文書や金銭、小さな貨物《かもつ》などを送達する使いや人夫。

三島《みしま》**の明神**《みょうじん》

→三島大社《みしまたいしゃ》　静岡県三島市にある神社。祭神《さいじん》は事代《ことしろ》主神《ぬしのかみ》と大山祇神《おおやまつみのかみ》。三島神社。

九《ここの》**ツ**　現在の夜の十二時ごろ。

人足《にんそく》

→川越人足《かわごえにんそく》　橋のない大きな川で、人を肩《かた》や輦台《れんだい》（人を乗せる板に二本の棒をつけて四人でかつぐ台）に乗せて川を渡《わた》すことを職業とした人。

辻堂《つじどう》　道の辻などに建てられている小さな仏堂《ぶつどう》。

濡《ぬ》れ縁《えん》　雨戸《あまど》の敷居《しきい》の外側に設けられた雨ざらしの縁側《えんがわ》。

四天《よてん》　荷物や荷車を四人で担《かつ》いだり動かしたりすること。

棒鼻《ぼうばな》　棒の先端《せんたん》。駕籠《かご》などをかつぐ棒の先。また、それをかつぐ者。

首尾《しゅび》　物事の成り行きや結果。

紀州三度の金飛脚《かねびきゃく》　ここでは毎月三度、定期的に大坂・江戸間を往復した飛脚になぞらえたもの。

迦陵塔《かろうとう》　大きな石塔《せきとう》で、その墓標《ぼひょう》の下には荼毘《だび》にふした（死者を火葬《かそう》にすること）親族の遺骨《いこつ》を納める石室《いしむろ》がある。

こけおどかし

→こけおどし　見せかけは立派《りっぱ》だが、中身のないこと。底の見え透《す》いたおどし。

上田《うえだ》　長野県東部の上田盆地《ぼんち》にある市。安土桃山《あづちももやま》時代の武将、真田昌幸《さなだまさゆき》の根拠地《こんきょち》。

高坂甚内《こうさかじんない》　生年不詳〜慶長《けいちょう》十八年（一六一三）に実在した盗賊《とうぞく》。

火術《かじゅつ》　江戸時代に大砲《たいほう》や火矢《ひや》などの火器を扱《あつか》う技術。

元和《げんな》　江戸時代の一六一五年から一六二四年までで、後水尾《ごみずお》天皇の代の元号。

平野大念仏《ひらのだいねんぶつ》

→大念仏寺《だいねんぶつじ》　大阪市平野区にある融通念仏宗《ゆうずうねんぶつしゅう》の総本山《そうほんざん》。大源山諸仏護念院《だいげんざんしょぶつごねんいん》。創建《そうけん》は大治《だいじ》二年（一一二七）とされ、日本最初の念仏道場がある。

四《し》の五《ご》の　あれこれと面倒《めんどう》なことを言いたてるさま。つべこべ。

大坂七手組《おおさかしちてぐみ》　豊臣秀吉《とよとみひでよし》によって結成された、秀吉、秀頼《ひでより》の二代にわたって仕えた旗本《はたもと》、馬廻衆《うままわりしゅう》。大坂七組《おおさかしちくみ》。

岩見重太郎《いわみじゅうたろう》　生没年不詳。安土桃山、江戸前期の伝説的武芸者。豊臣秀吉に仕《つか》え、薄田隼人《すすきだはやと》と称して、大坂夏の陣で討《う》ち死にしたとされる。狒々《ひひ》（サルを大型化したような妖怪）退治などで知られている。

薄田隼人《すすきだはやと》　→前項の「岩見重太郎《いわみじゅうたろう》」を参照。

抹香臭《まっこうくさ》い　抹香（粉末状の香）のにおいがする。転じて、いかにも仏教に関係があるような感じであること。

落語
講談
歌舞伎

真景累ヶ淵より豊志賀〈しんけいかさねがふち／とよしが〉

怪談
夫婦
人情
恋愛

●作品のポイント●

落語や講談で描《えが》かれる怪談《かいだん》の怖《こわ》さは、単に幽霊《ゆうれい》やお化《ば》けが登場《とうじょう》することで感じるのではありません。人間誰《だれ》しもが持つ、嫉妬《しっと》（焼《や》き餅《もち》）や怒《いか》りといった心情《しんじょう》や情欲《じょうよく》が描かれることで、聴《き》き手が「自分にも同じような経験がある……」といったように、自分自身を登場人物の言動《げんどう》と照《て》らし合わせたときに、人間のおぞましさといったものを感じて驚《おどろ》くわけです。

ここでも、男女の愛情とそこに生まれる焼き餅。さらに、自分の欲望を優先しようとするあまりに、現状から逃《に》げ出そうとする様。そこに怪談の手法でよく見られる、親の代からの因縁《いんねん》が絡《から》み合うことで、予想のできない運命の行方《ゆくえ》と、そこでもだえ苦しむ人間が描《えが》き出されていき、怖《こわ》さが増幅《ぞうふく》していきます。そうした物語の中での人間模様といったものを読み取りながら、怪談を味わってみてください。

ここまでのあらすじ

安永二年（一七七三）十二月二十日、根津七軒町《ねづしちけんちょう》の鍼医《はりい》宗悦《そうえつ》が、貸した金を催促《さいそく》をしたことから旗本《はたもと》の深見新左衛門《ふかみしんざえもん》に殺されてしまいます。新左衛門は、その後、目の前に現れた幽霊《ゆうれい》を宗悦の亡霊《ぼうれい》と思い、誤《あやま》って妻を殺してしまい、乱心《らんしん》の上、非業《ひごう》の死を遂《と》げます。それをきっかけに深見家は改易《かいえき》になり、長男新五郎《しんごろう》と乳飲み子《ちのご》の次男新吉《しんきち》は別れ別れになって成長をします。

兄の新五郎は勤《つと》め先の質店《しちてん》に奉公《ほうこう》する宗悦の次女お園《その》に惚《ほ》れますが、嫌《きら》われた末にこれまた誤《あやま》って殺害し、逐電《ちくでん》をしたのちに召《め》し捕《と》らえられて打ち首になります。

それから二十年後、新左衛門の次男である新吉は、宗悦の長女で富本《とみもと》の師匠《ししょう》である豊志賀《とよしが》とわりない仲（理屈《りくつ》をこえた仲）になるところから、この話がはじまります。

【本　題】

根津七軒町《ねづしちけんちょう》に富本《とみもと》の豊志賀《とよしが》という、歳は三十九になる女師匠《ししょう》がございます。声が良くて、三味線《しゃみせん》が達者《たっしゃ》で、器量《きりょう》が良い。その上、愛想《あいそ》が良くて、男嫌《ぎら》いとなれば、男の弟子《でし》にしてみれば大変な魅力《みりょく》で、「男嫌いと言ったって、相手は女性なんだから、俺《おれ》だけは違《ちが》う……」なんていう弟子も随分《ずいぶん》といたりします。

男のお弟子さんも大勢《おおぜい》おりますが、子どもさんのお弟子もあれば、娘《むすめ》のお弟子も通《かよ》ってくるので、朝から晩まで大層繁盛《たいそうはんじょう》しています。

するとその家へ、煙草《たばこ》を売りに来ます新吉《しんきち》という、歳が二十一という若い男がおりまして、刻《きざ》みの煙草を売る合間《あいま》に、稽古所《けいこじょ》の仕事もまめに手伝《てつだ》ったりと、気の利《き》く男でございます。

十月のある日、朝からの雨が夕暮《ゆうぐ》れまで降り続いておりますので、新吉が豊志賀の家の二階で泊《と》まることになると、そこは男と女のこと、やがていい仲になる。そして男嫌いで通《とお》っております豊志賀が、十歳以上も年下の新吉と所帯《しょたい》を持つことになりました。こうなると他のお弟子《でし》さんは噂《うわさ》を聞きつけて来なくなります。男の弟子は「師匠はふざけていやがる。俺に断《ことわ》られねぇで亭主《ていしゅ》を持ちやがって、あんなところは辞《や》めちまえ！」などと言うありさまで、バタバタとお弟子が減《へ》っていきます。

豊志賀の方も子どもの弟子はお稽古《けいこ》が面倒《めんどう》くさいと言って断《ことわ》るようになる。

娘のお弟子さんは親御《おやご》さんが黙《だま》っておりませんで、「師匠はかたいと聞いていましたからいいと思っておりましたが、若い亭主《ていしゅ》をもらったとなれば、あそこへ娘を通《かよ》わせる訳にはいかない」と通わせなくなる。

お弟子さんがそうして減っていく中で、谷中七面前《やなかしちめんまえ》の羽生屋《はにゅうや》という荒物屋《あらものや》の一人娘《ひとりむすめ》で、今年十八になろうというお久《ひさ》という小町娘《こまちむすめ》だけがせっせと稽古に通ってきます。

勿論《もちろん》、豊志賀の芸を頼《たよ》ってくるんですが、豊志賀の方ではそうは思いません。

「亭主の新吉は歳が若くっていい男、ことによったらこのお久は新吉を思って通ってくるんでは？」と思いますから、その日から稽古が厳《きび》しくなります。三度教えて覚《おぼ》えないと、三味線の撥《ばち》でもって膝頭《ひざがしら》を打つ。打たれたお久の方では痛いですが、「師匠がこんなに一所懸命《いっしょけんめい》になって教えて下さるのだから、稽古を休んでは申し訳ない」と通ってくる。豊志賀の方では、どんなことがあっても新吉に会いたいから通ってくるんだなと、胸の中がモヤモヤとしてまいりまして、のぼせの加減《かげん》からなのか、左の目の下にポツリと粟粒《あわつぶ》のようなおできができ、それを引っ掻《か》いたところ、顔の半面が紫色《むらさきいろ》に腫《は》れあがり、髪《かみ》の毛が抜《ぬ》け落ちてまいります。身体《からだ》の方もしまいには骨《ほね》と皮《かわ》ばかりになってしまい、どっと病《やまい》の床《とこ》に就《つ》く。

新吉は豊志賀のことを思って、看病《かんびょう》に励《はげ》みますが、豊志賀は新吉が勧《すす》める薬も飲みません。新吉の顔を見れば、「あたしゃ、こんな顔になっちまったよ。お前さんはあたしに死んで欲《ほ》しいんだろ? そうすればお久と一緒《いっしょ》になれるものね」と口にするばかり。

ある日のこと、お久が見舞《みま》いにやってきて、

「お師匠さん、ご無沙汰《ぶさた》をしてどうもすみません。お店が忙《いそが》しくてなかなか来られませんで。お加減《かげん》の方はいかがです?」

「お久かい? おかげさまでおいおい悪くなるよ。どうせ新吉に会いにきたんだろう。見舞《みま》いに来ないなんて、お前は薄情《はくじょう》だね」

「何を言うんだよ、師匠。他のお弟子《でし》さんは来ないのに、お久さんだけがこうして来てくれているんじゃないか。どうしてそんなことを言うんだい?」

「お久はあたしのところに来るんじゃない。お前に会いにくるんじゃないか。お久、そうだろ? 新吉と一緒になりたいんだろ? そうに違《ちが》いないよ。お前のその目を見ていると分かるんだよ」

「私がおりますと、お師匠さんの身体《からだ》に障《さわ》りますから、これで失礼いたします……」

「師匠、あれじゃお久さんがかわいそうだろ？」

「私はかわいそうじゃないんだね」

と、やっとのことで薬を飲ませて寝《ね》かしつけます。

夜中になりますと、新吉は昼間の看病疲《づか》れ。豊志賀は目を覚《さ》ましますと新吉のところまでやってきて、馬《うま》乗《の》りになり、胸倉《むなぐら》をつかみながら、

「新吉、私はこんな顔になっちまったよ。お前はお久と一緒《いっしょ》になりたいんだろ？ 二人とも歳は若いし、似合《にあ》いのご夫婦《ふうふ》だよ。あたしが邪魔《じゃま》だろ？ お望《のぞ》み通り死んであげるよ。二人は一緒になって、おもしろおかしくお暮しなさい。お愉《たの》しみなことで。ヒヒヒヒ！」

と、行灯《あんどん》の光のほの暗いところで、凄《すご》い形相《ぎょうそう》でもってこんなことを言われるのですから、新吉の方もたまらない。叔父《おじ》さんに身の振《ふ》り方について相談《そうだん》をしようと、豊志賀が寝ている間を盗《ぬす》んで池之端《いけのはた》までやってくると、

「お久さんじゃありませんか」

「あら、どうしたんですか」

「師匠が眠《ねむ》っているものですから、叔父さんのところへ行こうと思いまして。お久さんは？」

「私は買い物にまいりましたの」

「そうですか。そうだ、ちょうどお腹《なか》がすいておりまして、何か一緒《いっしょ》に召《め》し上《あ》がりませんか」

「私のようなものが一緒でもよろしいんですか」

「もちろんでございますよ」

近くにありました料理屋へ入り、注文《ちゅうもん》を済ませると、お久が、

「聞《き》いてもらいたいことがありまして、うちのおっかさんのことでございます」

「耳にしたことがあります。なんでも継母《ままはは》なんだとか」

「そうなんです。なので、色々と辛《つら》いことがありまして……。お師匠さんにぶたれるのは芸のことですからいいのですが、おっかさんに何でもないことでぶたれるのは辛《つら》くて、辛くて……」

「そりゃそうでしょうね」

「いっそのこと、あの家を出ようと思うんですが、女の一人旅《ひとりたび》ですし……。もし、新吉さんが一緒に旅に出てくれたらと……」

「そんなことならなんでもありませんよ、一緒に行きましょう」

「一緒に行きましょうって、お師匠さんがいらっしゃいますでしょ?」

「そんなのはどうでもいいんです。私もちょうど家を出たいと思っていたんですよ」

「そう……、新さん……、お前さんという人は薄情《はくじょう》な人ですねェ……」

変なことを言うなと思って、新吉がお久の顔を見ると、そこには小町娘《こまちむすめ》とは打って変わりまして、片面《かためん》紫《むらさきいろ》色に腫《は》れあがり、髪《かみ》の毛の抜《ぬ》け落ちた、骨と皮になった豊志賀の姿。すっと立ち上がったかと思うと、新吉の方に近寄《ちかよ》ってきたので、驚《おどろ》いてそれを突《つ》き飛ばして外に出ます。

下谷大門町《したやだいもんちょう》で煙草屋《たばこや》を営《いとな》んでおります、叔父《おじ》の勘蔵《かんぞう》の家までやってきて戸を叩《たた》くと、

「新吉かい？　待ってたよ、こっちへ入んな」

「へい」

「馬鹿野郎《ばかやろう》。お前ね、あんな大病人《たいびょうにん》を放《ほ》ったらかしにして、外を出歩いちゃいけないよ。師匠《ししょう》が目を覚《さ》ましてみたら、お前がいないじゃないか。多分、叔父さんの家に行ったんだろうって、ひと足違《ちが》いだ。駕籠《かご》に乗って、今、訪ねてきているよ」

「なんですか、師匠がここへ？　そんなはずがありません。あんな病人が駕籠に乗れる訳がない。それは嘘《うそ》でしょ？」

「お前に嘘をついたってしょうがない。今、奥《おく》の座敷《ざしき》でもってお茶を飲んでるよ。師匠の好きなお菓子《かし》を勧《すす》めたら喜《よろこ》んでいたよ。（師匠の方へ向かって）師匠、どこへも行きやしませんよ。来るって言ったら、あいつは来ます。私の言った通り、この通り来ましたよ。（新吉に）ほら、あそこに座《すわ》ってお茶を飲んでるだろ。早く謝《あやま》んな」

「お、お師匠さん、ごめんなさい。グッスリとお休みでいらっしゃいましたから、その間に叔父さんの家に行こうと思いまして」

「そんなことはいいんだよ。謝るのはあたしの方だよ。こんな身体《からだ》になっちまって、今はお前さんだけが頼《たよ》りなんだよ。あたしの身体《からだ》が元通りになるまで捨てないでおくれ」

「師匠、泣いちゃいけませんよ。今夜《こんや》のところは、師匠も色々と言いたいこともあるでしょうが、何も言わないで、これと一緒に帰ってくださいな。明日、あたしが出掛《でか》けて行って、よーくこの野郎《やろう》に意見をしますから。あなたにはひとかたならない世話になって、頭の先からつま先まですべてあなたの厄介《やっかい》だ。薄情な真似《まね》なんてさせ……、え、なんです? あたしもう長いことはないから、せめて死に水だけは取ってくれ? 何を言うんです。そんなことは当たり前なことだが、お前さんは元気にならなくちゃいけない。早く身体を治《なお》さなくっちゃ。(新吉に)おい、おめえがフラフラしているから、男勝《おとこまさ》りの師匠があんなふうに情けねえことを言うんじゃねえか。みんなおめえのせいだぞ、しっかりしなくちゃいけねえや、新吉。じゃあ師匠、よろしいですか? 今、駕籠屋さんを呼びますから一緒に帰ってくださいよ。駕籠屋さん、それじゃあ根津《ねづ》の七軒町《しちけんちょう》まで頼みますよ」

駕籠の中へ布団《ふとん》を敷きまして、豊志賀をそっと乗せてやり、戸をピッタリと閉めると、駕籠屋が肩《かた》を入れる。

「いやに軽いですね」

「病人は乗せましたよ」

「そうですか、いやに軽いんでね。乗ったんですか? おい、棒組《ぼうぐみ》、中を見てみな。乗《の》ってない? そうだろ。旦那《だんな》、中には布団ばかりですよ。誰《だれ》も乗っちゃいませんよ」

「そんな訳ありませんよ。私が師匠の肩を抱《だ》いて乗せたんですから。ね、叔父さん」

「新吉、お前はそっちへ引っ込んでいろ。余計《よけい》なことを言うんじゃない……。ハハハ、駕籠屋さん、病人を乗せたんですがね、そしたら身体《からだ》が痛《いた》いから、今晩《こんばん》はこっちへ泊まりたいって言うもんですから、奥へ寝《ね》かしたのを、私が耄碌《もうろく》したもんで忘れていました。うっかりしていてすみませんでした」

布団を預《あず》かって、駕籠屋さんが帰ると、

「おじさん、駕籠に乗った師匠がいないというのはどういうことなんでしょう」

「俺《おれ》たち二人が知らない間に、師匠は奥《おく》に入って寝たんだよ。お前見てみろ」

「いやですよ、怖《こわ》いじゃありませんか」

「いいから見てみろ！」

そんなことを二人で話しているところへ、表の戸をドンドン、ドンドンドン。

「こんばんは、勘蔵《かんぞう》さん。こちらに新吉さんはいますか？」

「おい新吉、お前にご用のある方がお出《い》でになったよ」

「へい、どなたでございましょう。これはこれはみなさまお揃《そろ》いで、何かご用でございますか？」

「お前さんね、しっかりしておくれよ。驚いちゃいけないよ。お前さんが叔父さんの家へ来ている、その留守《るす》にね、師匠が台所に這《は》い出して、出刃包丁《でばぼうちょう》で喉《のど》を突《つ》いて死んじまったよ。だからね、すぐに来てくれなきゃ困《こま》るよ」

「師匠が？ 出刃包丁で？ 変なことを言っちゃいけませんよ。師匠は大丈夫《だいじょうぶ》ですよ」

「なんだい？ その大丈夫ってのは？ こう喉を突いてね……」

「いえ、そんなことはありません。ここに来てますから」

「え！ 来ている？ ここへ？ 変なことを言うね。俺《おれ》たちは自害《じがい》をしたのをこの目で見たんだ。喉を突いてね、あたり一面《いちめん》血の海だよ。それを知らせに来たのに、ここにいるって言ったね。（後ろにいる仲間を振《ふ》り返りながら）お、押《お》しちゃいけないよ。押しちゃいけない。押すなよォ。俺が一番前に出てるじゃないか。薄気味悪《うすきみわる》い話になっちゃったなあ。新吉さん、亡《な》くなった者が来ているはずがないでしょ」

「いえ、おりますよ。そんなにお疑《うたぐ》りになるんでしたら、師匠に会ってやっていって下さい」

座敷へ上がって、唐紙《からかみ》を開けると、

「おや、師匠がいない。叔父さん！　叔父さん！」

「黙《だま》ってろ、お前は！　こんなことじゃねえかと思っていたんだ……。お長屋《ながや》のみなさん、今晩はとんだお世話になりまして、申し訳ございません。これを連《つ》れまして、即刻駆《そっこくか》けつけます。どうぞ他のお長屋の方にもよろしくお伝えを願いたいもんで……」

「叔父さん！　これはどういうことでしょう」

「グズグズ言うな。さ、新吉、支度《したく》をしろ」

「えらいことになりましたね。お、叔父さん、こ、これからどうなります？」

「いいから一緒《いっしょ》に来い。提灯《ちょうちん》に明かりを入れろ。黙《だま》ってついてこい。おいおい、提灯を持っている者が、並《なら》んで歩いちゃいけないよ。足元がちらつくじゃないか。提灯持ちっていうのは、前へ出るとか後ろへ下がるとかするもんだ」

「前はおっかないです……」

「じゃあ、後ろへ下がんな」

「後ろは気味《きみ》が悪《わる》い……」

「どうするんだ！」

「どうするって言ったって、叔父さん。申し訳ないんですが、こうして並んで歩いて下さいな。こうして叔父さんの袂《たもと》をおさえて……。こうしてないと頼りなくって。ねえ、叔父さん、おじさん……」

「よせよ、おい。用があるんだったら、叔父さんってハッキリ言ったらどうなんだい。節《ふし》をつけて、叔父さん、おじさん……なんて呼ぶなよ。一体《いったい》、なんだい？」

「うちに来たのは、あれはいったい何でしょう？　あれは、これ（両手の甲《こう》を前に出して幽霊《ゆうれい》の格好《かっこう》をして）ですかね？」

「変な手つきをするなよ。そうかも知れないな。ああいうのは、うらめしい、悔《くや》しいばかりじゃ出ないと言うな。愛《いと》しい、恋しいでも出るというから、七日七日の弔《とむら》いは懇《ねんご》ろにしてやれよ」

「へえ、私もそのつもりです。いつも夜になると胸倉《むなぐら》を取って、小突《こづ》き回《まわ》すんですよ。あんな痩《や》せた身体《からだ》で、どうしてあんな力があるかと思うくらいでね、痛いくらいに小突き回すんですよ。それが今夜はさめざめと泣いて、『新吉さん、お前に捨てられると私は野垂《のた》れ死にだ。死に水だけは取っておくれよ……』なんて……。ああ！」

「驚いたな、何だい」

「白いものが……」

「白いものって、あれは犬だよ、臆病《おくびょう》な奴《やつ》だ」

二人はガタガタ震《ふる》えながら根津七軒町に戻《もど》ってくると、言われた通り、豊志賀が台所へ這《は》い出して、出刃包丁で喉を突いて最期《さいご》を迎《むか》えておりました。そばに手紙があったので、それを拾《ひろ》い上げて読むと、「新吉というのは不実《ふじつ》な人である。この人の女房になる者は、七人まで取り殺す」と書いてある恐《おそ》ろしい書置《かきお》きでございます。新吉は震《ふる》え上がりまして、ご検視《けんし》をお願いし、野辺《のべ》の送りを済ませると、怖《こわ》いものですから墓参《はかまい》りを毎日欠かさないでおります。

百箇日《ひゃっかにち》にお墓に行ってみると、先に香花《こうばな》を手向《たむ》けて拝《おが》んでいる人がいる。

「お久さんですか。お参りに来て下さったんですか」

「あっという間《ま》の百箇日ですね」

「どうもありがとうございます。お宅へいっぺんお伺《うかが》いしなくてはならないと思っていたんですが、私とあなたがいい仲になって師匠があんなことになったなんて、噂《うわさ》が大きくなるのも困るので我慢《がまん》していました」

「いいえ、私の方はいいのですが、おっかさんが気を揉《も》んでおりまして、お前、しばらく家を出た方がいいだろうなんて言うんです。そこで色々考えまして、下総《しもうさ》の羽生《はにゅう》というところに三蔵《さんぞう》という大きな質屋《しちや》をしている叔父《おじ》さんがいますんで、そこへ行こうと思っています」

「おじさんが羽生にいるんですか、それはよかったですね。それで、いつ行くんです?」

「今日、これからです」

「誰《だれ》と行くんです?」

「家の方はお店がありますから、一人で行きます」

「一人で行くんですか? お久さん、あなたが江戸を離《はな》れるというのは、全部《ぜんぶ》私のせいです。だから、私が羽生までお供《とも》させてもらいます」

「本当にいいんですか？　それではお願いします」

二人がすぐに江戸を後にしますと、その晩は松戸《まつど》の宿へ泊《と》まります。新吉とお久は夫婦の扱《あつか》いをされるものですから、その晩、世間《せけん》の噂通りの仲になりました。

次の日、宿を出るのが遅《おそ》くなり、下総国《しもうさのくに》岡田の郡《ごおり》、羽生村の入口、浄善ヶ淵《じょうぜんがふち》まで来たときには、日もとっぷりと暮《く》れております。

あたり一面《いちめん》は深い茂《しげ》み。ここは昔、累《かさね》という女性が与右衛門《よえもん》の手に掛《か》かって殺害《さつがい》されたという、人呼《よ》んで「累ヶ淵《かさねがふち》」。折《おり》から空は磨《す》る墨《すみ》を流したようにかき曇《くも》り、大粒《おおつぶ》の雨が降《ふ》ってまいります。

「お久さん、降ってきましたよ。困りましたね。ほら、あそこに明かりが見えます。あそこが村ですから急ぎましょう」

二人が手に手を取って、水門前《すいもんまえ》を駆《か》け抜《ぬ》けようとすると、お久がそこへバッタリと倒《たお》れる。

「お久さん、どうしました？」

「足に怪我《けが》をしました」

どうしたんだろうと探《さぐ》ってみると、一丁《いっちょう》の草刈《くさか》り鎌《がま》があります。

「誰かがここまで草を刈ったというんで置いていったんだ。それを踏《ふ》んでしまったんですね。痛《いた》いですか？」

「い、痛いです……」

「それは困《こま》った。ますます雨はひどくなってくるし……。そうだ、足を縛《しば》って、私が負《お》ぶっていってあげます。足をお出しなさい」

「……ようござんすよ。口ではそうして親切《しんせつ》に言いなさるが、あなたはとうからあたしに愛想《あいそ》が尽《つ》きているはず……」

「何を言うんですか、お久さん」

「だってねえ、新さん。あたしはこんな顔になったもの……」

「お、お前は豊志賀、迷《まよ》うたのか？ま、迷うたなあ！これはすべて、身に降る前世《ぜんせ》の悪縁《あくえん》。どうか浮《う》かんでくれ！南無阿弥陀仏《なむあみだぶつ》、南無阿弥陀仏！」

新吉は手にしておりました鎌《かま》で、お久を手にかけます。

「真景累ヶ淵《しんけいかさねがふち》」でございます……。

このあとの展開

お久殺しの一部始終を見ていた土手《どて》の甚蔵《じんぞう》というやくざ者が新吉を家に迎え入れます。殺されたお久は、土地に暮らす三蔵《さんぞう》という男の姪《めい》であったことから、三蔵が弔《とむら》いを済ませ墓を立てます。

ある日のこと、お久の墓参りに来ていたお累《るい》という女が新吉に一目惚《ひとめぼ》れをし、それを知った三蔵は婚約の話を進め、三十両という金を甚蔵に渡《わた》して新吉と縁《えん》を切らせます。ところが婚礼《こんれい》の前にいろりのそばで転《ころ》んだお累は、顔に湯を浴《あ》びて豊志賀のような顔になってしまいます。

新吉は身の因果《いんが》を悟《さと》り、夫婦仲睦《むつ》まじく暮らすことを心に誓《ちか》うと、お累は懐妊《かいにん》（妊娠《にんしん》）をします。するとそこへ江戸から、新吉を育てた勘蔵《かんぞう》が大病《たいびょう》であるとの知らせが届きます。江戸へ戻《もど》った新吉は病の床《とこ》にある勘蔵から、自分が新吉の叔父ではなく父・新左衛門宅《しんざえもんたく》の門番《もんばん》であったことと、そして、本当の父は深見新《ふかみしん》左衛門《ざえもん》であることなどを知らされます。

勘蔵の弔《とむら》いを済ませた新吉は、父の位牌《いはい》と迷子札《まいごふだ》を持って駕籠《かご》に乗ると、日頃の疲れから寝《ね》てしまいます。駕籠が千住《せんじゅ》の小塚原《こづかっぱら》で止まったので下りて歩き出すと、そこで一人の男と出会います。それは兄の新《しん》五郎《ごろう》で、新吉にこれまでの経緯《けいい》とお園《その》殺しを訴《うった》えたのが番頭《ばんとう》の三蔵《さんぞう》であったことから、三蔵を殺してくれと迫《せま》ってきます。苦しんでいる新吉が目を覚ますと、そこには新五郎の獄門《ごくもん》の次第《しだい》が記《しる》される立て札が……。

お累《るい》は男の子を産みますが、その顔は夢で見た兄にそっくりの顔でした。

新吉の生活が荒れはじめる中、新吉は名主惣右衛門《なぬしそうえもん》の妾《めかけ》であるお賤《せん》と出会い、彼女に夢中になるうちに、お累は病《やまい》の床《とこ》につき、鎌《かま》で自害《じがい》をしてしまいます。新吉はこのままではいけないと、他所《よそ》へ行こうと考え、邪魔《じゃま》に思う惣右衛門《そうえもん》を絞《し》め殺してしまいます。

惣右衛門の弔《とむら》いを出そうとすると、惣右衛門は「湯灌《ゆかん》は新吉一人にやってもらいたい」という遺言《ゆいごん》を残していましたが、それは生前《せいぜん》にお賤が書かせたものでした。そこへ現れた甚蔵《じんぞう》は惣右衛門の首に紐《ひも》で締めた跡《あと》を見つけたので、殺害《さつがい》したことを二人に詰《つ》め寄り、新吉とお賤に金をせびるようになります。

新吉とお賤は、甚蔵に惣右衛門が遺《のこ》した金が聖天山《しょうでんやま》に埋《う》めてあるから掘《ほ》りにいこうと相談を持ちかけ、甚蔵を殺しにかかりますが、帰宅《きたく》した二人の前に、再び甚蔵が現れます。襲《おそ》い掛《か》かる甚蔵を撃《う》ち抜《ぬ》いたのは、お賤が放った鉄砲《てっぽう》で、新吉とお賤の二人は羽生村《はにゅうむら》から逐電《ちくでん》をしてしまいます……。

●作品の背景●

近代落語の祖と呼ばれる三遊亭圓朝《さんゆうていえんちょう》（天保《てんぽう》十年（一八三九）～明治三十三年（一九〇〇））の二十一歳のときの作といわれ、当初の演題は『累《かさね》ヶ《が》淵《ふち》後日《ごじつ》の怪談《かいだん》』というものでした。元々『祐天上人一代記《ゆうてんしょうにんいちだいき》』（累解脱物語《かさねげだつものがたり》）に取材をした累狂言《かさねきょうげん》を脚色《きゃくしょく》した長編落語で、漢学者《かんがくしゃ》である信夫恕軒《しのぶじょけん》の意見により、「神経」をもじった「真景《しんけい》」の題を付けました。圓朝が活躍をした明治期には、まだ科学も十分に発達していなかったことから、幽霊《ゆうれい》が登場するのは、人間の〝神経〟作用によるものと考えられていたことから、それをもじって「真景」という言葉を題に用いたわけです。

累ヶ淵とは、現在の茨城県常総市羽生町《じょうそうしはにゅうまち》の地名で、そこに暮らした累《るい》という醜女《しこめ》が、流れ者であった谷《や》五郎《ごろう》と結ばれるも、裏切《うらぎ》られて殺され、やがて怨霊《おんりょう》となって現れたところ、祐天上人《ゆうてんしょうにん》によって除霊《じょれい》をされるという物語です。

物語が長いので、実際に落語や講談、そして歌舞伎の舞台で演じられるときには、ここで紹介した「豊志賀（の死）」を筆頭に、様々な場面を読み切りという形で描《えが》かれることがほとんどです。

落語では、圓朝の芸譜《げいふ》を継《つ》ぐ林家正雀《はやしやしょうじゃく》が、全編近くを演じる他、最近では若手が「豊志賀」の場を積極的に高座にかけています。

知っておきたい用語集

親の代からの因縁《いんねん》　親の代から決まっていた逃《のが》れられない宿命。

根津七軒町《ねづしちけんちょう》　現在の上野不忍池《しのばずのいけ》の西側で、東京都台東区池之端《いけのはた》二丁目付近を指す。

鍼医《はりい》　鍼《はり》で治療《ちりょう》を行う医者。鍼医者。

乱心《らんしん》　心が乱れ、狂《くる》うこと。逆上《ぎゃくじょう》（怒りのため興奮して取り乱すこと）したりして分別《ぶんべつ》をなくしてしまうこと。

改易《かいえき》　江戸時代、武士以上の身分に科した刑罰《けいばつ》。武士《ぶし》の身分を剥奪《はくだつ》し、領地・家屋敷などを没収《ぼっしゅう》する刑。

逐電《ちくでん》　逃《に》げ去って行方《ゆくえ》をくらますこと。出奔《しゅっぽん》。逃《とう》亡《ぼう》。失踪《しっそう》。

富本《とみもと》　浄瑠璃《じょうるり》の一流派で富本節《とみもとぶし》ともいう。常磐津節《ときわずぶし》と清元節《きよもとぶし》の中間的な節回《ふしまわ》しで、安永《あんえい》～天明《てんめい》の頃《ころ》（一七七二～一七八九）に全盛《ぜんせい》を誇《ほこ》ったものの、その後衰退《すいたい》した。

刻《きざ》み煙草《たばこ》　葉タバコを細《こま》かく刻《きざ》んで、キセルに詰《つ》めて吸うもの。きざみ。

谷中七面前《やなかしちめんまえ》　現在の東京都荒川区西日暮里《にしにっぽり》三丁目に建つ日蓮宗延命院《にちれんしゅうえんめいいん》の七面堂から、谷中五丁目の宗林寺《そうりんじ》にかけて下《くだ》る「七面坂」の周辺にあった区画《くかく》を指す。

荒物屋《あらものや》　家庭用の雑貨《ざっか》類を売る店。雑貨屋。

小町娘《こまちむすめ》　美しいという評判《ひょうばん》の高い娘。小町。

撥《ばち》　楽器の弦《げん》をはねて鳴らす用具。

のぼせ　精神的に興奮《こうふん》して前後のわきまえを失うこと。明確《めいかく》な定義《ていぎ》はないが、俗《ぞく》に言う「頭に血が上《のぼ》る」状態。

行灯《あんどん》　木や竹のわくに紙を貼《は》り、中に油皿《あぶらざら》を入れて火をともす照明具《しょうめいぐ》。

下谷大門町《したやだいもんちょう》　上野大門町。現在の東京都台東区上野一～二丁目を指す。寛永寺《かんえいじ》の門前町《もんぜんまち》として起こり、同寺の大門《だいもん》があったことから、その名が付いた。

厄介《やっかい》　ここでは、世話になること。面倒《めんどう》をみてもらうこと。

死に水だけは取ってくれ

↓死に水を取る　死が間近に迫《せま》っている人の唇《くちびる》を水でしめすこと。また、亡《な》くなるまで介護《かいご》をすること。

棒組《ぼうぐみ》　一つの駕籠《かご》を一緒《いっしょ》に担《かつ》ぐ相手。相棒《あいぼう》。

自害《じがい》　自らを傷つけて死ぬこと。

七日七日《なのかなのか》の弔《とむらい》

↓四十九日《しじゅうくにち》　人の死んだ後の四十九日間。死者が次の生を得るまでの間の日数。今生《こんじょう》の死と来世《らいせ》の生との間。中陰《ちゅういん》。

野垂《のた》れ死に　一人で道ばたなどに倒れて死んでしまうようなみじめな死に方。

取り殺す　霊《れい》などが取りついて人を殺すこと。

野辺《のべ》の送り　死者を火葬場《かそうば》、または埋葬地《まいそうち》まで見送ること。また、その行列《ぎょうれつ》や葬式《そうしき》。野送り。

百箇日《ひゃっかにち》　人が死んでから百日目。また、その日に行う仏事《ぶつじ》。

香花《こうばな》　仏前《ぶつぜん》に供《そな》える香と花。こうげ。こうはな。

羽生《はにゅう》　埼玉県北東部の利根川《とねがわ》中流部の右岸《うがん》にある市。

磨《す》る墨《すみ》を流したような

↓墨を流したよう　あたりが暗いことのたとえ。あたりが墨を流したように見えること。

因果《いんが》　自分自身のなした行いによって、良いこと、悪いことが起こること。ここでは自身の行いの悪さが原因で悪いことが重なって起こったことを指す。

迷子札《まいごふだ》　迷子になったときの用心に、住所・氏名を書いて子どもの腰《こし》などにつけておく札。

獄門《ごくもん》　獄屋《ごくや》（刑務所）の門。牢屋《ろうや》の門。斬首《ざんしゅ》（首を刎《は》ねること）のうえ、その首を一定の場所または悪事をした場所にさらすこと。

名主《なぬし》　江戸時代の村落の長。名主は関東の名前で、関西では庄屋《しょうや》と呼ばれた。

湯灌《ゆかん》　仏教の葬儀《そうぎ》で、死体を棺《ひつぎ》に納める前に湯水でぬぐい清めること。

落語
講談
歌舞伎

怪談牡丹燈籠よりお札はがし
（かいだんぼたんどうろう／おふだはがし）

怪談
人情
忠義
恋愛

●作品のポイント●

幽霊《ゆうれい》には昔から足がないと言われています。

画家の円山応挙《まるやまおうきょ》（享保《きょうほう》十八年（一七三三）～寛政《かんせい》七年（一七九五））が足のない幽霊《ゆうれい》を描《か》いたのが始まりと言われていますが、それは俗説《ぞくせつ》で、江戸前期にはすでに足のない姿で描《か》かれていたとされています。

いずれにしても、足のないはずの幽霊が夜《よ》な夜《よ》な下駄《げた》の音を鳴らしてやって来るというのですから、怖《こわ》さもひとしおです。この噺《はなし》に登場する女の幽霊の訪《おとず》れる先は、生きている間に一緒《いっしょ》になることができなくなった男性のところ……と、さらに想像《そうぞう》をしてみるとちょっと怖《こわ》い風景かもしれません。

生前《せいぜん》に果たすことのできなかった切ない思いをもつ幽霊が、今はどんな思いであって、その結果、どんな行動を取るのか。先に紹介《しょうかい》した『真景累ケ淵《しんけいかさねがふち》』と並ぶ、日本を代表する怪談の名場面を取り上げます。

ここまでのあらすじ

旗本《はたもと》の飯島平太郎《いいじまへいたろう》が、ある日、本郷《ほんごう》にある藤村屋《ふじむらや》という刀屋《かたなや》の店先《みせさき》にいると、酔《よ》っ払《ぱら》った黒川孝蔵《くろかわこうぞう》という男に絡《から》まれたので斬《き》り捨《す》てます。その平太郎は家督《かとく》を継《つ》いで平左衛門《へいざえもん》と改名し、その妻であるおりえはお露《つゆ》という娘を生んで亡《な》くなってしまいます。平左衛門は女中《じょちゅう》のお国《くに》を後妻《ごさい》に迎《むか》えますが、お露はお国と折り合いが悪いこともあって、柳島《やなぎしま》の寮《りょう》（別宅）で暮らしはじめます。そして、今は浪人《ろうにん》をしている萩原《はぎわら》新三郎《しんざぶろう》と出会い、一目惚《ひとめぼ》れをしてしまうあたりから、この話がはじまります。

【本　題】

根津《ねづ》の清水谷《しみずだに》で暮らしております萩原新三郎《はぎわらしんざぶろう》という浪人者《ろうにんもの》は、歳《とし》が二十一で独《ひと》り者。先祖から譲《ゆず》られた田《でん》地田畑《ちでんばた》、家に屋敷《やしき》、それに貸《か》し長屋《ながや》を持っておりまして、裕福《ゆうふく》に暮らしております。楽しみと言えば、朝から机に向かっての書見《しょけん》。それが唯一《ゆいいつ》の道楽《どうらく》でございます。

ある日のこと、知り合いの山本志丈《やまもとしじょう》という医者が、

「また書見ですか。そんなに根《こん》を詰《つ》めて本ばかり読んでおりますと、病《やまい》が出ますよ。陽気《ようき》も大分よくなってまいりました。亀戸《かめいど》の臥龍梅《がりょうばい》も大分《だいぶ》盛んということですから、一緒《いっしょ》に梅を観《み》に行きましょう」

そう誘《さそ》われて亀戸までやって来ますと、さらにちょっと付き合ってもらいたいと、柳島《やなぎしま》の寮《りょう》で暮らしている、歳が十七の、お露《つゆ》という名の旗本《はたもと》の娘《むすめ》のところに連《つ》れて行かれます。

最初のうちは目も合わせられない新三郎とお露ですが、互《たが》いに一目惚《ひとめぼ》れ。新三郎はその日からお露のことを忘《わす》れることができません。

しかし、「相手は旗本の娘で、自分は浪人者だから、一人で行く訳にはいかない。また志丈が連れて行ってくれないものだろうか」と、志丈の来るのを待っておりますが、一向《いっこう》に現れない。

季節が過ぎて、六月になると、やっとのことで志丈が現れます。

「萩原氏《うじ》、無沙汰《ぶさた》をしてあいすみません。あなたに伝えなくてはならないことがあって、今日はやって参りました。実はこの春、訪《おとず》れました柳島のお嬢様《じょうさま》……」

「私も気にしておりました。ずっと会いたいと思っておりました」

「そうですか……。お嬢様も同じお気持ちで、会いたい会いたいの恋煩《こいわずら》い。それでとうとう、この間《あいだ》、亡《な》くなってしまいました。女中のお米《よね》さんも看病疲《かんびょうづか》れで後《あと》を追うように亡くなってしまいました」

それを聞いた新三郎は悔《く》やんでも悔やみ切れません。どこに二人《ふたり》が眠《ねむ》っているのかを志丈が教えていかなかったので、二人の俗名《ぞくみょう》を紙へ書き、それを仏壇《ぶつだん》の中へ入れて、毎日、念仏三昧《ねんぶつざんまい》で暮らしております。

やがてお盆《ぼん》の十三日。迎《むか》え火《び》を焚《た》いた新三郎が縁側《えんがわ》で横になり、月を眺《なが》めておりますと、昼間の疲《つか》れが出たのかトロトロと寝《ね》てしまう。気が付いたときには夜も大分更《だいぶふ》けております。一体、何時頃《なんどき》だろうと耳を澄《す》ませていますと、八《や》ツを打つ鐘《かね》の音が聞こえてまいります。

すると、どこからかカラ〜ンコロ〜ン、カラ〜ンコロ〜ンという下駄《げた》の音。

今時分誰《いまじぶんだれ》だろうと思っていると、二人の女の人が歩いてきます。先へ歩いているのが、頭を丸髷《まるまげ》に結《ゆ》っております中年増《ちゅうどしま》で、手には当時流行《はや》りました、ちりめん細工《ざいく》の牡丹花《ぼたんか》の燈籠《とうろう》を持っております。あとへ来るのは歳の若い娘で、頭は文金《ぶんきん》の高島田《たかしまだ》。秋草色《あきくさいろ》染《ぞ》めの振《ふ》り袖《そで》を着ております。

二人は新三郎に気づいたのか、そちらの方を見ると、

「これは萩原様《はぎわらさま》ではございませんか」

「あなたはお米《よね》さん。後ろにいらっしゃるのはお露《つゆ》さん。ご無事《ぶじ》でいらっしゃったんですか? 志丈が参りまして、お二人がお亡くなりになったというものですから、私は気を落としておりました」

「志丈というのは悪い男ですね。私どものところへも参りまして、萩原様がお亡くなりになったと言うので、それを聞いたお嬢様がやはり気を落としておりました」

「そうでしたか……。これから柳島《やなぎしま》へお帰りになるんですか?」

「いいえ、今は谷中《やなか》の三崎《さんさき》で暮らしております」

新三郎は二人を座敷《ざしき》へ上げて、久し振《ぶ》りのことでございますから、時の経《た》つのを忘れて話に夢中《むちゅう》になる。

そして夜が明けようとするころ、

「萩原様、また明晩《みょうばん》参ります」

と言って去っていくと、それからというもの八《や》ツの鐘《かね》が鳴りますと、二人は顔を見せにやって来て、いつしか新三郎とお露はわりない仲になります。

この新三郎の孫店《まごだな》に住んでいるのが、下女下男同様《げじょげなんどうよう》のおみね、伴蔵《ともぞう》という夫婦者《ふうふもの》。

ある夜、新三郎の家から女の声がするのを耳にした伴蔵が気になるので、中の様子《ようす》を戸の隙間《すきま》から覗《のぞ》き見

ると、新三郎が相手にしておりますのは、顔は骸骨《がいこつ》で、腰《こし》から下はフワフワとした幽霊《ゆうれい》でございます。伴蔵は驚《おどろ》いて、腰を抜《ぬ》かしてしまいます。やっとのことで這《は》うようにしてやって参りましたのが、同じ長屋《ながや》に住んでいる易者《えきしゃ》の白翁堂勇斎《はくおうどうゆうさい》のところ。たった今、見てきた怖《こわ》いことを話すと、二人して朝を待って新三郎のもとを訪《たず》ねます。

早速、白翁堂勇斎が新三郎の人相《にんそう》をジッと見ると、死相《しそう》がありありと浮《う》かんでいる。新三郎から夕《ゆう》べの話を聞き、「あれは幽霊だから会ってはいけない」と告げますが、なかなか信じることができない新三郎は、白翁堂に勧《すす》められて三崎《さんさき》を訪ね、お露の家を探しますが見つかりません。

明日また改《あらた》めてやって来ようと、新幡随院《しんばんずいいん》というお寺の境内《けいだい》を通ると、そのときに、墓場《はかば》の合間《あいま》に真新《まあたら》しい二本の角塔婆《かくとうば》を目にします。それを見ると「飯島平左衛門娘お露、米」と書いてあり、そのそばには毎《まい》夜《よ》お米が持ってまいります牡丹花《ぼたんか》の燈籠《とうろう》が吊《つ》るしてあります。

ギョッとした新三郎は、真っ青になって、白翁堂勇斎の知り合いという新幡随院の良石《りょうせき》というまことに有徳《ゆうとく》な住職《じゅうしょく》に会うことにします。

「勇斎が言うように、あなたの人相には気の毒だが死相が浮かび上がっていて、もはや長い寿命《じゅみょう》ではない。幽霊と交わりをするというのは、命を失う元である。怨《うら》めしい、悔《くや》しいで出て来る幽霊であれば、経文《きょうもん》の力によって解脱《げだつ》することもできますが、恋焦《こいこ》がれて出て来る幽霊であれば、成仏《じょうぶつ》のさせようがない。あなたが身を堅固《けんご》に持ち続けて、幽鬼《ゆうき》が自然と退散《たいさん》するのを待つ他にはない。これは海音如来《かいおんにょらい》というありがたい尊像《そんぞう》であるが、四寸二分《しすんにぶ》の金無垢《きんむく》であるから、欲の深い者に見せると盗《と》られますぞ。用心して肌身離《はだみはな》さず持っていなさい。またこれは雨宝陀羅尼経《うほうだらにきょう》というありがたい経文です。これを朝から晩まで読み続け、このお札《ふだ》は幽霊除《よ》けであるから、窓《まど》という窓、戸口《とぐち》という戸口へ貼《は》って、幽霊の入ることを防《ふせ》ぎなさい。これで一命《いちめい》をとりとめることができるかも知れん。今、愚僧《ぐそう》の言ったことを必ずお守りくださるように」

「和尚様《おしょうさま》、ありがとうございます！」

と、早速《さっそく》、わが家へ帰って、言われたことを行います。

その夜も、やがて八《や》ツの鐘が聞こえてきますと、カラ～ンコロ～ン、カラ～ンコロ～ンという下駄《げた》の音。二人の幽霊がスーッとやって来ましたが、お札が貼ってありますので、近づくことができません。

「お嬢様、萩原様はお心変わりをなさいました。萩原様のことはお諦《あきら》めなさいませ」

「米《よね》や、あれほど二人のことについて約束《やくそく》をしておきながら、何というひどいお方でしょう。これは何かの間違《まちが》い。もう一度会って、萩原様のお心を聞いてみたい。お札をはがしておくれ」

「それは無理《むり》でございますよ。もう会うことはできません」

「どうかもう一度会わせておくれ……」

「困《こま》りましたね。それでは裏口《うらぐち》へ回ってみましょう……。ここにもお札が貼ってあります。どうぞ萩原様のことはお諦めなさいませ」

「米や、もう一度会いたい。どうか会わせておくれ……」

振《ふ》り袖《そで》を顔に押し当てて泣《な》いているその声が、新三郎にも聞こえてまいりましたから、お経をさらに大きな声で唱《とな》え、幽霊が退散《たいさん》するのを待っております。

一方、伴蔵《ともぞう》、おみねの夫婦でございます。伴蔵は今宵《こよい》も絞《しぼ》りの蚊帳《かや》を吊《つ》って……というと、大層贅沢《たいそうぜいたく》なようですが、古くなった蚊帳のあちこちに穴《あな》が開《あ》いているので、そこをつまんで観世縒《かんぜより》で絞っているので、遠くから見ていると絞りの蚊帳に見えるというもので、女房《にょうぼう》のおみねは行灯《あんどん》の明かりを頼《たよ》りにして、夜なべ仕事をしております。

「ああ、やんなっちゃうよ。本当につまらないね、女房なんてものは。私は生まれ変わったら男になるよ！」

「なんだよ、大きな声をするなよ。もう四《よ》ツじゃねぇか。いくら広い庭の中の家だって、大きな声を出すと人が驚《おどろ》くよ。それにしても何でそんなに浮世《うきよ》が嫌《いや》になったんだい？」

「当たり前だよ。毎晩毎晩、九《ここの》ツを打つと、お前のところへ女がやって来るじゃないか、ふざけやがって。女房という私がいるんだよ。それなのに枕元《まくらもと》でぺちゃくちゃぺちゃくちゃお喋《しゃべ》りをしやがって、私が知らないと思っているのかい？」

「おい、お前、焼《や》き餅《もち》を焼いてるんだな？　それならな、お前に話を聞かせてやろうじゃないか。あれはな、この世のものじゃないんだ。あの世のものだよ。あれは幽霊だよ」

「えっ！　な、なんで、お前さんのところへ幽霊がやってくるんだよ」

「あれは牛込軽子坂《うしごめかるこざか》の飯島平左衛門《いいじまへいざえもん》さんというお侍《さむらい》さんの娘《むすめ》のお露様と女中のお米さんの幽霊でな、お嬢《じょう》さんの幽霊が旦那《だんな》に惚《ほ》れちまって、毎晩毎晩、会いてぇってやって来るんだよ。ところが旦那の家にはお札が貼ってあるだろう。だから中へ入《へえ》れねぇんだよ。そしたらよ、お嬢さんが『米や、あのお札を何とかしておくれ』『私にはどうすることもできません。それならば、ご家来《けらい》の伴蔵さんにお願いしてみましょう』って、フワフワと俺《おれ》のところへやって来てな、『伴蔵さん、まことに申し訳ありませんが、あの旦那様の裏口に貼ってあるお札を何とかして外《はず》してください』って言うんでね、恐《こわ》いから『へいっ！』って請《う》け合っちゃったんだよ。だけどもね、あのお札をはがせば、幽霊は中へ入るだろう？　そうしたら旦那がどうなるかわからねぇじゃねぇか。旦那にもしものことがあったら、俺たちは路頭《ろとう》に迷《まよ》っちまう。それでいまだにお札をはがしていねぇんだ。それで毎晩毎晩やって来るって訳よ」

「それじゃあ、今夜もその幽霊が来るのかい？　お前さんは見込《みこ》まれちまったんだね。どうするんだい？」

「どうするって、しょうがねぇじゃねぇか。はがすのが嫌《いや》だと言ったら、取り殺されちゃうよ」

「それだったら、こうしたらどうだい？『私たち夫婦は旦那様のお世話《せわ》になって暮《く》らしております。もしも旦那様のお身に間違《まちが》いがあったら、私たちは生きてはいけませんから、万が一のことがあっても路頭に迷わないように、百両下さい』って無心《むしん》をしておやりよ」

「幽霊に無心をしろって言うのか？　お金《あし》のことを言ってもな、相手が幽霊じゃ、お足《あし》はあるめぇ……」

「何を言ってるんだよ。百両の金が用意できないと言ったら、お断《ことわ》りすればいいじゃないか。百両だよ。怖《こわ》いことはないよ。わたしはそのとき隠《かく》れてるけど……」

伴蔵が八ツの鐘が鳴るしじまの中で、縁側《えんがわ》へ出て二人を待ち受けていると、カラ〜ンコロ〜ン、カラ〜ンコロ〜ンと下駄《げた》の音がして、

「伴蔵さん、まだお札をはがしては下さいませんね。お恨《うら》み申し上げますよ」

「いや、それが……。私どもはこうこう、こういう訳でございますから、百両の金を下さいますれば、それ

と引き換《か》えにお札をはがしてご覧《らん》にいれます」

「それではお金の方は、明晩《みょうばん》、持参《じさん》をいたします。お札をはがしていただくついでに、もう一つお願いがございます。萩原様は海音如来《かいおんにょらい》のご尊像《そんぞう》というものをお持ちになっております。あれがありますと、中へ入りましても近づくことができません。恐《おそ》れ入りますが、あなた方のお知恵《ちえ》で、あのご尊像を取り除いていただきとうございます。もし嫌《いや》だとおっしゃるなら、お気の毒さまですが、あなたさまのお命は……」

「わ、わかりましたよ。わかりました」

と約束をいたします。

明くる日になると、伴蔵とおみねは相談をして、新三郎に行水《ぎょうずい》を使わせて、肌身離《はだみはな》さず持っているご尊像を外させ、そしてそのときに見つからないように、中身をすり替《か》えてしまおうと話がまとまります。

そこで早速《さっそく》、新三郎のところへ行くと、

「旦那様、こうして家中を締《し》めっ切りにして、一日中、お経《きょう》ばかりを読んでいらっしゃいますから、汗臭《あせくそ》うございますよ。身体《からだ》が汚《よご》れると、かえって魔《ま》が差すそうでございますから、行水をお使い遊《あそ》ばせ。いえ、行水と言っても、外へは出ずに、このお部屋の中で。わたくしがお手伝いをいたしますから」

畳《たたみ》を二畳《にじょう》ばかり裏返《うらがえ》しにして、そこへたらいを据《す》え、湯を満《み》たすと、

「さあ、お召《め》し物をお取りになって下さい。それに腹巻《はらまき》に入っていますご尊像、それは机の上に置いておけば、行水をしているときにも見ていられますから、盗《と》られるという心配はございませんよ。さあさあ」

まめまめしく新三郎の身体を洗うと、やがて襟首《えりくび》のところへ。

「あら、汚《きたな》い。こんなに襟垢《えりあか》をつけていてはいけませんよ。ここはよく洗わないと……」

と、うなじのところへ手をかけますと、新三郎をうつむかせます。

「ここだ！」と思いますから、目で伴蔵に合図《あいず》を送りますと、かねて用意の、泥《どろ》でできた不動様《ふどうさま》と四寸二分の海音如来の金無垢《きんむく》のご尊像とをすり替えてしまいます。湯浴《ゆあ》みがすむと、

「ありがとう。久し振《ぶ》りにさっぱりとして、身体《からだ》が軽くなったようだよ。いい心持《こころも》ちだ」

「そんなことなら、もっと早く行水をお勧《すす》めしたらよかったですね」

再び腹巻をいたしますが、中身が変わっているとは新三郎は夢にも思っておりません。伴蔵夫婦を送り出すと、また机に向かって、雨宝陀羅尼経《うほうだらにきょう》という経文《きょうもん》を読み始めます。

伴蔵とおみねはわが家へ帰ると、

「お前さんうまくいったね。お厨子《ずし》の中へ入っている四寸二分の金無垢のご尊像はどうする？」

「ほとぼりの冷めた時分に売っ払って使おうじゃねぇか。ありゃあ二百両はするぜ」

「二百両かい？　それは凄《すご》いじゃないか」

「でもな、こうして俺が持っていたら、今晩、幽霊がやって来ても近づけねえや。だからな裏の畑へでも埋めておこうじゃないか」

「そうだね。それにしても旦那の身はどうなるんだろうね」

「旦那は幽霊に取り殺されるかも知れねぇが、元々あの幽霊には惚《ほ》れていたんだ。惚れた女が恋焦《こいこ》がれてあの世へ行っちゃって、それがこの世へ出てきて取り殺すって言うんだから、そうなるのも男冥利《おとこみょうり》に尽《つ》きる

んじゃねぇか」

伴蔵は縁側《えんがわ》へ座《すわ》り、大きなもので酒を飲み始めます。お露とお米のことを待っていると、あたりのしじまを破って鳴り響くのは八ツの鐘。木々の梢《こずえ》を騒《さわ》がせる一陣《いちじん》の風もろともに、聴《き》こえてきますのは下駄《げた》の音。

カラ～ン、コロ～ン、カラ～ン、コロ～ン。

「来たな」

と思い、身構《みがま》えているところへ、牡丹花《ぼたんか》の燈籠《とうろう》を下げたお米《よね》が、

「伴蔵さん」

「へ、へい」

「今日はどうもありがとうございます。お嬢様も大層《たいそう》お喜《よろこ》びでございます」

「お、お金は？」

「ここへ持ってまいりました」

「た、確かに百両。ありがとうございます。ご尊像《そんぞう》は取り除いておりますからご安心を、な、なさいますように……」

「さ、伴蔵さん、早くお札をはがしてください。お願いいたします」

お米が差し出すズシリと重い百両の金をしまうと、梯子《はしご》を持って幽霊の二人を案内します。新三郎の家の裏手《うらて》に梯子をかけ、ガタガタと震《ふる》えながら梯子を上り、お札へ手を掛《か》けてはがすと、幽霊二人は顔を見合わせてニッコリと笑いながら、まるで風のようにスーッと新三郎の家へ入っていった。ハッと驚《おどろ》いた伴蔵は梯

子を踏《ふ》み外《はず》して、地面へ叩《たた》きつけられる。しばらくすると新三郎の「ギャー」という声がしたので、伴蔵は夢中《むちゅう》で逃《に》げてまいります。

翌朝、白翁堂勇斎《はくおうどうゆうさい》のところへ行き、

「先生、先生……」

「誰《だれ》だ？」

「あっしでございます」

「伴蔵か。どうした？」

「夕べ、旦那のうちから『ギャー』という声が聞こえてきたんですよ。あっしはそれから怖《こわ》くて眠《ねむ》れませんでした。旦那に何かあったんじゃないでしょうか？ 先生、一緒《いっしょ》に様子《ようす》を見に行ってもらいたいんですが……」

二人して新三郎の家へやって参りまして、雨戸《あまど》をあけて入って見ると、新三郎は幸せそうな顔をして骸骨《がいこつ》を抱《だ》いて死んでおりました。

伴蔵が「あの家には幽霊が出る。幽霊を見ると取り殺される」という噂を流すと、「こんなところにはいられない」と近所の者は引っ越す。自分もまた、

「おみね、そろそろ江戸をずらかろうじゃねぇか」

と、幽霊からもらった百両という金を懐《ふところ》に、女房を連《つ》れまして江戸をあとにいたします。

「怪談牡丹燈籠《かいだんぼたんどうろう》」のうち『お札《ふだ》はがし』でございます。

このあとの展開

伴蔵《ともぞう》とおみねの夫婦は百両を元手《もとで》に、故郷《こきょう》の栗橋宿《くりはしじゅく》で関口屋《せきぐちや》という荒物屋《あらものや》をはじめます。

金回《かねまわ》りのよくなった伴蔵は笹屋《ささや》という料理屋で働くお国《くに》（実はお露《つゆ》の義母《ぎぼ》）といい仲《なか》になりますが、二人の関係を怪《あや》しむおみねがその関係を聞き出し、新三郎と幽霊の件を持ち出してまで伴蔵に責《せ》め入るので、それに耐《た》えられなくなった伴蔵は幸手堤《さってづつみ》でおみねを殺害《さつがい》します。

そうして亡《な》くなったおみねは、関口屋の女中に憑《と》りつき、伴蔵の悪事《あくじ》を口走《くちばし》るようになりますが、伴蔵は暇《ひま》を出すこともできないので医者に診《み》せることにします。丁度《ちょうど》、江戸からやって来ていた医者に来てもらうと、それは旧知《きゅうち》の山本志丈《やまもとしじょう》。病人のうわ言からこれまでの経緯を知った志丈に伴蔵はすべてを話し、笹屋で一献《いっこん》かわすことにしますが、そこでお国と志丈が対面し、志丈は飯島家《いいじまけ》で起こったことを伴蔵に話して聞かせます。そして、各人にまつわる因縁話《いんねんばなし》が続いていきます……。

●作品の背景●

中国明代《みんだい》の怪奇小説集《かいきしょうせつしゅう》『剪灯新話《せんとうしんわ》』の中の「牡丹燈記《ぼたんとうき》」を翻案《ほんあん》した、浅井了意《あさいりょうい》（生年不詳《ふしょう》～元禄《げんろく》四年（一六九一））による怪奇《かいき》物語集『伽婢子《おとぎぼうこ》』の中の「牡丹燈籠」を軸《じく》にして創作された三遊亭圓朝《さんゆうていえんちょう》二十五歳のときの作品です。

明治十七年（一八八四）には日本で最初の速記本として出版され、小説家である二葉亭四迷《ふたばていしめい》がこの圓朝の速記本から言文一致体《げんぶんいっちたい》（日常で用いられる話し言葉に近い口語体で文章を書く形式）を編《あ》み出すといった大きな影響を与えたことは、日本文学史的にも知られています。

圓朝が残した速記本（左下写真）では二十二章から成り立ち、ここで紹介《しょうかい》する伴蔵《ともぞう》が暗躍《あんやく》するストーリーと、孝助《こうすけ》という男による仇討話《あだうちばなし》が交互《こうご》に進められていきます。

長い話の中でも、特に演じられることの多い場で、ここでは怪談噺《かいだんばなし》を現代に伝えた八代目林家正蔵《はやしやしょうぞう》と正蔵が演じた怪談の型を受け継《つ》いでいる林家正雀《はやしやしょうじゃく》の口演をベースにしました。

現在でも正雀の他、柳家《やなぎや》さん喬《きょう》、立川志の輔などが通《とお》しで演じている他、「大団円《だいだんえん》」にあたる『十郎ヶ峰《じゅうろうがみね》の仇討《あだうち》』という珍《めず》しい場を柳家一琴《やなぎやいっきん》が演じています。

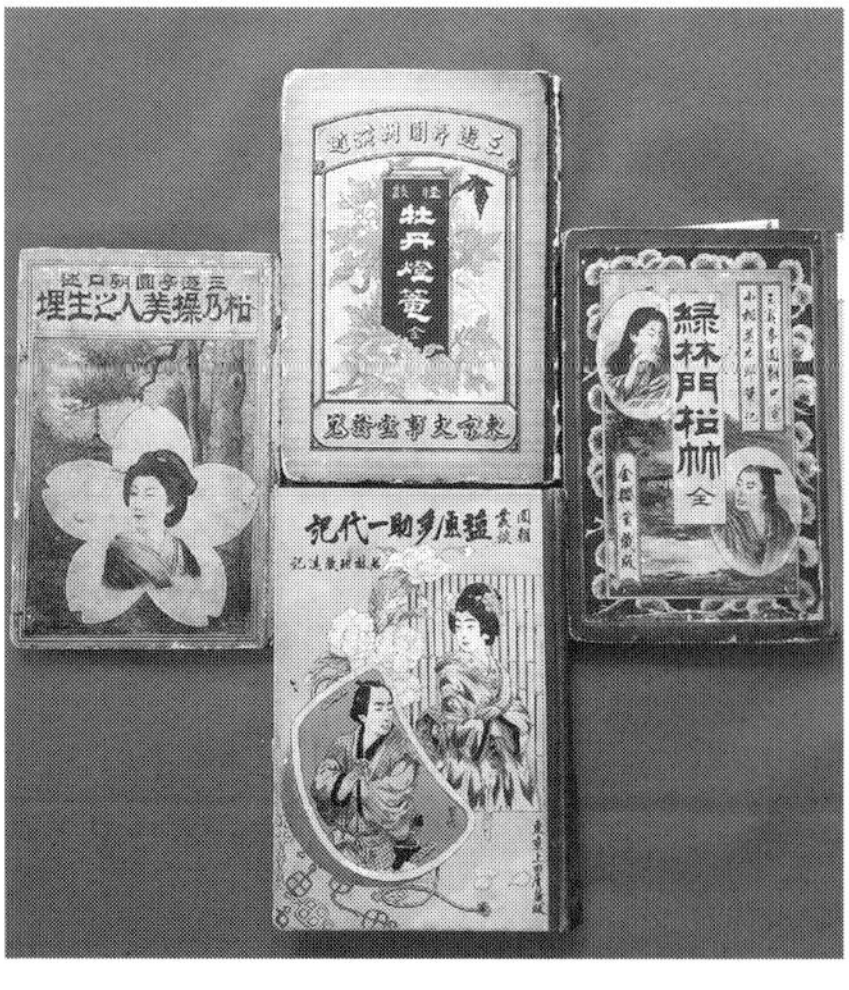

三遊亭圓朝が残した速記本

知っておきたい用語集

旗本《はたもと》　江戸時代に将軍直属の家臣のうち、禄高《ろくだか》一万石《ごく》以下で御目見《おめみえ》（将軍に謁見《えっけん》（お目に掛《か》かれる）する資格《しかく》がある）以上の格式《かくしき》を有する者。御目見以下の御家人《ごけにん》とあわせて直参《じきさん》という。

家督《かとく》を継《つ》ぐ　江戸時代、武士が主君から与えられた家産（家の財産や地位）を継ぐこと。

柳島《やなぎしま》　東京都墨田区から江東区にかけて存在した地名で、墨田区業平《なりひら》、横川、太平《おおひら》、錦糸《きんし》、江東区亀戸周辺を指す。柳の木が多かったことが地名の由来。

寮《りょう》　ここでは、江戸の富裕《ふゆう》町人が設けた別宅。下屋敷《しもやしき》のこと。

根津《ねづ》　現在の東京都文京区根津。徳川綱重《とくがわつなしげ》の下屋敷《しもやしき》（大名の住居である上屋敷のほかに、江戸近郊に建てられた別邸）があり、同家の産土神《うぶすながみ》（その人の生まれた土地を守る神）である根津権現《ごんげん》（根津神社）が千駄木《せんだぎ》から移転されてから根津と呼ばれるようになった。

書見《しょけん》　書物を読むこと。読書。

臥龍梅《がりょうばい》　現在の東京都江東区亀戸三丁目、伊勢屋彦右衛門《いせやひこえもん》の別荘に多くの梅の木が植えてあったことから、梅屋敷と呼ばれるようになった。その中の一株の梅がまるで龍《りゅう》が地を這《は》うように咲《さ》いていたことから、水戸光圀《みとみつくに》が「臥龍梅」と命名。行楽地として賑《にぎ》わったが、明治四十三年（一九一〇）の水害で梅の木がすべて枯死《こし》し廃園《はいえん》となった。現在、浅草通り沿いに碑《ひ》が建っている。

恋煩《こいわずら》い　好きな人のことを思って眠れなくなったり、食が進まなくなって、病気のようになってしまうこと。

俗名《ぞくみょう》　僧が死者におくる戒名《かいみょう》に対して、生存中の名。

念仏三昧《ねんぶつざんまい》　念仏に熱中して、一日中念仏を唱えていること。

迎《むか》え火　盂蘭盆《うらぼん》（旧暦の七月十五日を中心に行う祖先の霊を迎える行事）の最初の日に、祖先の御霊《みたま》や死者の霊《れい》を迎えるために門前《もんぜん》や近くの川のほとりなどでたく火。むかいび。

八《や》ツ　現在の午前二時ごろ。草木も眠る丑《うし》三ツ時。

丸髷《まるまげ》　女性の髪形《かみがた》の一つで、髪をぐるぐると巻き上げて結《ゆ》った庶民《しょみん》の髪型。

中年増《ちゅうどしま》　中ぐらいの年増（娘の年頃《としごろ》を過ぎた女性）。二十歳過ぎから二十八、九歳頃までの女性。時代などによって、年齢帯は若干《じゃっかん》前後する。

ちりめん細工《ざいく》　細《こま》やかな波状《なみじょう》あるいは粒状《つぶじょう》のしわのある優《やさ》しく美しい絹織物《きぬおりもの》であるちりめんの布を縫《ぬ》い合せてつくった細工物。

燈籠《とうろう》　油、ろうそくなどの灯明《とうみょう》を籠《かご》などで保護する具。主として屋外《おくがい》で、手に提《さ》げたり軒先《のきさき》につるしたり、また脚《あし》をそなえて、庭先や道ばた、社殿《しゃでん》や仏堂の前などに立てる。

文金高島田《ぶんきんたかしまだ》　女性の髪形《かみがた》の一つで、島田髷《しまだまげ》（髷の根を強く締《し》め束《たば》ねる結《ゆ》い方）の根を高くして、優美《ゆうび》にしたもの。現在では婚礼のときなどに結《ゆ》う。

谷中《やなか》　現在の東京都台東区谷中周辺。上野と駒込《こまごめ》の中間にある谷であることが地名の由来。明治七年（一八七四）に開園された谷中霊園《れいえん》がある。

三崎《さんさき》　現在の東京都台東区谷中二〜五丁目で、三崎坂沿《ぞ》いにあった町。坂を東に上ったところに、この作品の作者である三遊亭圓朝《さんゆうていえんちょう》が眠《ねむ》る全生庵《ぜんしょうあん》がある。

わりない仲　理屈では割り切れないほどの深い関係。特に男女関係についていう。

孫店《まごだな》　母屋《おもや》に差しかけてつくり設けた家。

死相《しそう》　死の兆候《ちょうこう》（前触《まえぶ》れ、きざし）が現れている顔。

角塔婆《かくとうば》　角柱を用いた卒塔婆《そとば》（一般には墓の後ろに立てる塔の形を模《も》した縦長《たてなが》の木片）。上部が塔の形に刻《きざ》まれる。墓石《はかいし》ができるまでの仮《かり》のものとして用いる。

新幡随院《しんばんずいいん》　現在の東京都台東区谷中二丁目の三崎坂《さんさきざか》の登り口の南側にあったが、現在は足立区東伊興《ひがしいこう》に移転している。普賢山法受寺《ふげんざんほうじゅじ》。

経文《きょうもん》　仏教の経典《きょうてん》（お経）。また、お経の文章。

解脱《げだつ》　悩みや迷いなど煩悩《ぼんのう》（欲望、怒り、執着などに振り回されて穏やかでない心の状態）の束縛《そくばく》から解《と》き放たれて、自由の境地《きょうち》に到達すること。悟《さと》ること。涅槃《ねはん》。

成仏《じょうぶつ》　死んで、この世に未練《みれん》を残さず仏となること。また、死ぬこと。

海音如来《かいおんにょらい》　日本ではほとんど知られていない東南アジアなどで信仰されている如来（仏）の一つ。

四寸二分《しすんにぶ》　寸と分は尺貫法《しゃっかんほう》の単位。四寸二分は約十二・六センチメートル。

金無垢《きんむく》　混ざり物のない金《きん》。純金《じゅんきん》。

雨宝陀羅尼経《うほうだらにきょう》　密教（真言宗・天台宗）の教典の一つ。

絞り《しぼ》
→絞り染《しぼりぞめ》　布地を縫《ぬ》い縮《ちぢ》めたり、巻《ま》いたり、圧迫《あっぱく》したりして、染色液の浸入《しんにゅう》を防いで染料に浸《ひた》し、模様《もよう》を表す方法。

蚊帳《かや》　夏の夜、蚊《か》や害虫を防ぐため、四隅《よすみ》を吊《つ》って寝《ね》床《どこ》を覆《おお》う道具。麻《あさ》や木綿《もめん》などを粗《あら》く織《お》ってつくる。

観世縒《かんぜより》　細く切った紙をよって紐《ひも》のようにしたもの。こより。

行灯《あんどん》　木や竹のわくに紙を貼《は》り、中に油皿《あぶらざら》を入れて火をともす照明具《しょうめいぐ》。

四ツ《よ》　現在の午後十時ごろ。

浮世《うきよ》　今の世の中。憂《う》き（辛《つら》い）と浮き（はかない）を重ねた言葉。

九ツ《ここの》　現在の午前十二時ごろ。

牛込《うしごめ》　現在の東京都新宿区の北東部の旧地名。

路頭《ろとう》に迷《まよ》う　生活の手段を失って困り果てる。

お足《あし》　ここでは「お金《あし》」と「足」を掛《か》けている。

取り殺す　霊《れい》などが取りついて人を殺すこと。

無心《むしん》　相手から金をもらおうとしてねだること。

しじま　しーんとして物音一つしない情景。

行水《ぎょうずい》　たらいに湯や水を入れ、その中でからだを洗い流すこと。

厨子《ずし》　仏像や舎利《しゃり》（釈迦《しゃか》や聖者《せいじゃ》の遺骨《いこつ》）、経巻《きょうかん》（お経《きょう》が記《しる》されている巻物《まきもの》）を安置《あんち》する仏具《ぶつぐ》で、正面に両開きの扉《とびら》を付ける。

男冥利《みょうり》に尽《つ》きる　男に生まれてこれ以上はないほどの幸せな気持ちを感じていること。

栗橋宿《くりはしじゅく》　埼玉県北東部の地・栗橋にあった宿場《しゅくば》で、利根川《とねがわ》とともに奥州街道《おうしゅうかいどう》の宿駅《しゅくえき》・渡船場《とせんば》が置かれ、利根川水運の河港《かわみなと》として栄えた。江戸より十四里半（約五十七キロメートル）にある日光道中の日本橋を起点にして七番目の宿駅。

翻案《ほんあん》　既存の事柄の趣旨《しゅし》を生かしてつくりかえること。特に小説や戯曲《ぎきょく》などで、原作の筋《すじ》や内容をもとに改作すること。

歌舞伎　講談　浪曲　落語

東海道四谷怪談より伊右衛門内の場

〈とうかいどうよつやかいだん／いえもんうちのば〉

●作品のポイント●

日本の古典芸能の中に出てくる幽霊《ゆうれい》というと、先に紹介《しょうかい》した『真景累ヶ淵《しんけいかさねがふち》』の豊志賀《とよしが》であったり、『怪談牡丹燈籠《かいだんぼたんどうろう》』のお露《つゆ》であったりと、女性が多く見られます。その中でも一番有名な幽霊が、この『四谷《よつや》怪談《かいだん》』に登場《とうじょう》するお岩《いわ》さんではないでしょうか。

恋に落ち、親の反対を受けながらも、愛する人との子を宿《やど》し、やがて夫である民谷伊右衛門《たみやいえもん》に毒《どく》を飲まされて殺《ころ》されてしまう……。そこには女の恨《うら》みというより、人としての強い怨念《おんねん》が浮《う》かび上がり、また伊右衛門の人でなしの言動《げんどう》がお岩さんへの同情《どうじょう》を引き出します。

舞台《ぶたい》で演じられる場合には、毒を飲まされ、女性の命ともいうべき髪《かみ》の毛が抜け落ち、そして腫《は》れあがる顔。その様子《ようす》が暗い舞台に浮かび上がる場面が見どころになりますが、ここではそのあたりをト書《が》きで紹《しょう》介《かい》したので、お岩さんの心の叫《さけ》びともいうべきセリフとともに、想像力《そうぞうりょく》を駆使《くし》しながら作品の世界を味わって下さい。

世話物　怪談　親子　夫婦　忠義

ここまでのあらすじ

塩冶家《えんやけ》の家臣《かしん》であった四谷左門《よつやさもん》には、お岩《いわ》とお袖《そで》という美しい二人《ふたり》の娘《むすめ》がいます。

お岩は同じ家中《かちゅう》であった民谷伊右衛門《たみやいえもん》の妻で、お袖も同じ家中であった佐藤与茂七《さとうよもしち》と結ばれています。

公金《こうきん》を横領《おうりょう》していたことを知られた伊右衛門は、お岩を連《つ》れ戻《もど》そうとする左門を殺し、一方で、お袖に恋慕《れんぼ》する与茂七の家来直助《けらいなおすけ》は、主《あるじ》の与茂七を殺害《さつがい》します。

お岩は自分の父親殺しとは知らず、伊右衛門の子を産《う》み、産後《さんご》の肥立《ひだ》ちが悪い中、伊右衛門に父の仇討《あだう》ちを迫《せま》ります。ところが浪人《ろうにん》をしている伊右衛門は貧乏《びんぼう》生活やお岩の言動《げんどう》にうんざりし、隣家《りんか》で暮らす金持ちであり、塩冶家にとっては敵《かたき》である高家側の家臣、伊藤喜兵衛《いとうきへえ》の孫娘《まごむすめ》お梅《うめ》との縁談《えんだん》を承諾《しょうだく》します。

産後の体調がすぐれないお岩が、伊右衛門が伊藤家から貰《もら》ったという毒薬《どくやく》を飲むと、顔が醜《みにく》く変わってしまい、伊右衛門に裏切《うらぎ》られたことを知ります……。

【本　題】

舞台は雑司ヶ谷《ぞうしがや》にある民谷伊右衛門宅《たみやいえもんたく》。

舞台《ぶたい》に据《す》えられた家の下手《しもて》には門口《かどぐち》が、正面には暖簾口《のれんぐち》が、上手《かみて》には一部屋《ひとへや》あり、その中には蚊帳《かや》が吊《つ》ってあります。押入《おしい》れの中には伊右衛門の家で内職《ないしょく》の手伝いをする小仏小平《こぼとけこへい》が、民谷家に伝わる秘薬《ひやく》を盗《ぬす》もうとしたのを失敗をして、両手の指を折られて、閉じ込められています。

家の中では、民谷伊右衛門の他、伊右衛門の浪人仲間である秋山長兵衛《あきやまちょうべえ》、伊右衛門の子分的存在で、お岩に不義《ふぎ》を仕掛《しか》けようとする按摩《あんま》の宅悦《たくえつ》。上手《かみて》の一部屋ではお岩が赤ん坊と寝《ね》ており、赤ん坊の泣き声が聞こえてきます。

伊右衛門　よく泣くガキだ。

（按摩の宅悦が障子《しょうじ》を開けると、布団《ふとん》の上で産後《さんご》のお岩が赤ん坊を抱《だ》いてあやしている。）

伊右衛門　今日は少しは快《こころよ》いか。どうだ。

長兵衛　これはご新造《しんぞ》、われわれもお見舞《みま》いに参りました。

お岩　ありがとう存じまする。産後と申し、この不順な陽気。そのせいかして、一倍《いちばい》気持ちが……。

伊右衛門　（赤ん坊の上に立派《りっぱ》な小袖《こそで》が掛《か》けてあるのを見て）これ、お岩。その小裁《こだち》は見慣《みな》れぬものだの。

お岩　これは今、喜兵衛《きへい》様のお宅から、後家《ごけ》様が内証《ないしょ》で私に心づけて下さりました。お前、礼に行って下さんせ。

伊右衛門　さようか、あの屋敷からは気の毒なほど物を送られるが、どうも俺《おれ》は気が知れぬわ。

長兵衛　それだによって、民谷氏《うじ》、以前は以前、今は浪人の民谷伊右衛門、敵同士《かたきどうし》の義理《ぎり》を捨て、あの屋敷へ行くがよかろう。

お岩　おっしゃる通り隣家《りんか》のこと、どうぞお礼に行って下さりませ。

伊右衛門　お岩が申す通り、すりゃ、礼に行かずばなるまいが、何を言うにも俺《おれ》一人では。

長兵衛　それならば、手前がお供《とも》いたしましょう。
伊右衛門　しからば、思い立つ日を吉日《きちにち》として、今から参りましょう。
宅悦　お留守は私がいたしましょう。
伊右衛門　しかし、この身形《みなり》では……。
お岩　もし、宅悦さん、奥の箪笥《たんす》の引き出しに旦那《だんな》さんのお羽織《はおり》がございます。どうぞ取って来て下さいませ。
宅悦　はいはい、かしこまりました。
伊右衛門　なに、まだ羽織が家にあったのか。
宅悦　（羽織を持って来て）さあ、お羽織をお召《め》しなされませ。
（伊右衛門が羽織を着て、大小《だいしょう》を差す。お岩は紙入れと扇子《せんす》を出して渡す。）
伊右衛門　いつの間に羽織を取っておいたか。かたじけない。（宅悦に向かって）しかし、あの押入れの奴《やつ》を逃《に》がすなよ。これお岩、この粉薬《こなぐすり》はな、先刻、伊藤家から下された血の道の薬じゃ。これを飲むがよい。家伝《かでん》だということじゃ。
お岩　お乳母《うば》殿が、最前その噂《うわさ》をいたされました。（薬を受け取り）白湯《さゆ》が沸《わ》いたらいただきましょう。もし、お前、早う戻《もど》って下さりませえ。
伊右衛門　すぐに帰るぞ。それでは参りましょうか。
（伊右衛門は供《とも》を連《つ》れて花道《はなみち》へ。宅悦は家の奥《おく》へと入っていく。）

お岩　常《つね》から邪険《じゃけん》な伊右衛門殿。男の子を産《う》んだとて、さして喜ぶ様子《ようす》もなく、何ぞというと穀《ごく》つぶし、足手《あしで》まといなガキを産んでと、朝夕にあの悪口《わるぐち》。それを耳に掛《か》ければこそ、針《はり》の筵《むしろ》のこの家に、ひょんな男に添《そ》い遂《と》げて、辛抱《しんぼう》するも父《とと》さんの、敵《かたき》を討《う》ってもらいたさ。（頭に差してある鼈甲《べっこう》の櫛《くし》を取り上げて）こりゃこれ、母様《かか》のお形見《かたみ》の三光《さんこう》のこの差し櫛。物好《ものず》きなされし菊重《きくがさ》ね。棟《むね》に工夫《くふう》の銀細工《ぎんざいく》。身貧《みひん》な中でも離《はな》さぬは、どうで産後《さんご》のこの病気。わしが死んだら妹に、せめて形見と贈《おく》るのは、母の譲《ゆず》りのこの差し櫛。これより他にこの身についたものはなし。（赤ん坊がしきりに泣くので、抱いてあやし）ああ、よしよし。まためまいがする。血の道のせいであろう。このお薬を飲みましょうか。いつになったら治《なお》ることやら。それにしても伊藤様は、なんと優しいことであろう。（涙ながらに手を合わせる）ありがとうございます。（土瓶《どびん》の白湯を注いで薬を飲む）これでちっとは心持ちも直ろう。（すると、いきなり苦しみ出して）やや、今の薬を飲むと、何より気持ちが。や、こりゃ顔が熱気《ねっき》して、何としたことで……。ああ、苦しや、苦しや。アイタタタタタ……。

宅悦　（奥から出て来て）もしもし、お汁《つけ》でも仕掛《しか》けましょうかな……。これはしたり！　どうなされた、どうなされた。顔色が変わって、大変なお熱ではありませんか。

お岩　今、この薬を飲むと、そのまま。ああ、苦しや苦しや。

宅悦　なに、粉薬《こなぐすり》をあがって苦しいとは、薬違《くすりちが》いではありませんか。まあまあ、風にあたっては悪い。ささ、こちらへござって。

（宅悦が苦しみ痛がるお岩を介抱《かいほう》していると、赤ん坊がしきりに泣く。お岩が苦しみ続けていると、押入《おしい》れの戸をバタバタさせて小仏小平《こへい》が出ようとする。)

宅悦　ええい、やかましい。一方塞《ふさ》げばまた一方、二方三方、いや、とんだ留守《るす》をば頼《たの》まれたなあ。

(お岩が苦しみ続ける中、宅悦は赤ん坊を介抱する。)

この間

隣家の伊藤喜兵衛宅では、伊右衛門と長兵衛らが、主人の喜兵衛一家を交《まじ》えて宴《うたげ》を開き、伊右衛門とお梅の祝言《しゅうげん》について話をしている。

舞台が再《ふたた》び伊右衛門宅へ戻《もど》ると、その間に、上手《かみて》の一部屋《ひとへや》に架《か》かっている蚊帳《かや》の中にいるお岩の顔が恐《おそ》ろしいものへと変わっている。

宅悦　いや、まことにとんだ留守を頼まれた。もし、お岩様、どうでござります。気持ちはようござりますか。
お岩　ああ、何やら、喜兵衛様より下された血の道の薬を飲んで、にわかに顔が発熱《はつねつ》して、ああ、苦《くる》しゅう覚《おぼ》えたわいの。
宅悦　いやもう、おおきに案《あん》じました。まあまあ、よいそうで落ち着きました。これはしたり。もう日暮《ひぐ》れだそうな。明かりをつけずばなるまい。どれどれ。
宅悦　(行燈《あんどん》をお岩の側へ持って行くと、お岩の顔を見て驚《おどろ》き)お岩様、あなたのお顔が!

お岩　顔がどうぞしたかいの。
宅悦　ちょいとのうちに、まあそのように……。さあ……、そのように治《なお》るとは、大方《おおかた》、家伝《かでん》の良薬《りょうやく》でございましょう。
お岩　わしも最前《さいぜん》はにわかの熱気。どうなることと思うたが、しかし苦痛《くつう》も少しは治ったわいの。
宅悦　いや、お幸《しあわ》せでございます。いや、もし、明かりはついたが、油《あぶら》がなかった。私がちょっと買ってまいりましょう。
お岩　そうして下され。この様子《ようす》では叶《かな》わぬ。これ、ここにお金《あし》が。これを持って、早う頼《たの》みますぞえ。
宅悦　はいはい、かしこまりました。まだまだ帰って来るまではございましょうよ。
お岩　早う頼みますよ。
宅悦　はいはい。（門口《かどぐち》を出て、身震《みぶる》いをして）奇体《きたい》なことだな。さっきまでは何ともなかったが、ちょっとの間、苦しむと思ったら、あんな顔に。ありゃ化物《ばけもの》だ。はて不思議《ふしぎ》なこともあるものだ。
お岩　まだ行かぬかいの。
宅悦　ただいま、すぐに行ってまいります。
伊右衛門　（腕組《うでぐ》みをして思案《しあん》の体《てい》で花道《はなみち》へやって来る）今の喜兵衛の話では、命に別状ない代わり、相好《そうごう》変わる毒薬《どくやく》だということだ。どんな顔になっているか……。
お岩　（門口が開く音がしたので）油買うて来《こ》て下されたか。
伊右衛門　油は買いに行かない。俺《おれ》だ。

お岩　おお、伊右衛門殿、お帰りでござんすか。
伊右衛門　どうだ、さっき貰《もら》った薬は飲んだか。血の道はどうだ。
お岩　血の道にはよいようなれど、飲むとそのまま発熱《ほつねつ》して、分けても面体《めんてい》にわかの痛み。
伊右衛門　（近くに寄って来たお岩に向かって）そんならにわかに、その顔が。
お岩　はい、痺《しび》れるように覚《おぼ》えたわいなあ。
伊右衛門　（お岩の顔を見て驚《おどろ》き）やや、変わったわ、変わったわ。
お岩　何が変わりましたぞいなあ。
伊右衛門　さあ……、変わったと言ったは、俺が喜兵衛殿へ行って来たうちに、そちの顔色が良くなった。
お岩　（赤ん坊を抱《だ》きかかえて）私の顔が良いか悪いか知らねども、気持ちはやっぱり同じこと、どうで死ぬでござんしょう。死ぬる命は惜《お》しまねど、生まれたこの子がひとしお不憫《ふびん》で、私ゃ迷《まよ》うでござんしょう。もし、こちの人、私が死んだなら、よもや当分……、
伊右衛門　持って見せるの。
お岩　ええ。
伊右衛門　女房《にょうぼう》ならばすぐに持つ。しかも立派《りっぱ》な女房を、おらあ持つ気だ。持ったらお岩、どうするよ。
お岩　常《つね》からお前は情けを知らぬ邪険《じゃけん》な生まれ。そういうお方と合点《がてん》して添《そ》うているのも……、
伊右衛門　親の敵討《かたきう》ちを頼む気か。一度は助太刀《すけだち》しようと請《う》け合ったが、嫌《いや》になった。

お岩　ええ、そんなら今更《いまさら》、あの、お前は……。

伊右衛門　おお、嫌になった。嫌ならどうする。それで気に入らずば、この家を出て行けよ。他の亭主《ていしゅ》を持って助太刀をしてもらうがいい。これぱかりは嫌《いや》だの。

お岩　ええ、今更《いまさら》、嫌だと言わんしても、他へ頼むあてもなし、さすれば願いも叶《かな》わぬ道理《どうり》。さりながら、私にここを出て行けと言うなら出てもまいりましょうが、あとでお前は継母《ままはは》に、この子をかける心かいの。

伊右衛門　継母にかけるが嫌ならば、そのガキも一緒に連《つ》れて行け。

お岩　そんならお前、実《じつ》のわが子も、

伊右衛門　そんなことはどうでもいいわ。知っての通り工面《くめん》が悪い。これ、何ぞ貸《か》してくれろ。急にいることがある。と言っても、何も質草《しちぐさ》が……。（あたりを見廻《みまわ》して、落ちている櫛《くし》を見つけて）こりゃ、いい物があった。この櫛を借りよう。

お岩　（櫛を取り上げるその手にすがりつき）ああ、そりゃ母《かか》さんの形見《かたみ》の櫛、他へやっては……、

伊右衛門　ならねえのか。実は俺の色《いろ》が普段《ふだん》差す櫛がない。買ってくれろと言うから、これをやろうと思うが、悪いか。

お岩　これぱっかりは、どうぞ許《ゆる》して下さい。

伊右衛門　そんなら櫛を買うだけの物を出せ。まだその上にな、俺も今夜は身の回りがいるから、入れ替え物でも工面せねばならぬ。何ぞ貸せ。さあ、早く貸しゃあがれ。

お岩　何と言うても品はなし。病気ながらもお前の頼み。さあどうぞ、これ持って行かしゃんせ（着ている物を脱《ぬ》いで差し出す）。

伊右衛門　これじゃあ足《た》りねえ。もっと何か出せ。何もねえか。ああ、何ぞ持ってゆくものが……、（蚊帳《かや》を見て）おお、良いものがあらあ。これがいい。

お岩　（伊右衛門が吊《つ》ってある蚊帳を持って行こうとするので、驚いてすがりつき）ああ、もし、待って下さいませ。この蚊帳がないとな、あの子が夜一夜、蚊にせめられて不憫《ふびん》でございます。こればかりは……。

伊右衛門　蚊《か》が食わば親の敵《かたき》だ。追ってやれ。

お岩　それじゃというて、あんまりでござりますわいなあ（伊右衛門が手に持つ蚊帳に取りついて泣く）。

伊右衛門　ええ、放《はな》しゃあがれ。

お岩　どうぞ堪忍《かんにん》して下さんせいなあ。

伊右衛門　放せ放せ。ええ、放しゃあがれ！

（伊右衛門が蚊帳をひったくると、それを押さえているお岩が引きずられる。蚊帳から無理矢理引き離されると、お岩の指の爪《つめ》が剝《は》がれ、手先は血だらけに。伊右衛門はそのまま門口から出て行く。）

伊右衛門　ざまあみやがれ（蚊帳《かや》と小袖《こそで》を抱え込んで家を出て行く）。

お岩　（起き上がり）これ、伊右衛門殿、その蚊帳ばかりは……。そんならもう行かしゃんしたか。病《や》み惚《ほう》けてもこの子が可愛《かわい》さ。あの蚊帳ばかりはやるまいと、放さじものと取りすがり、手荒いばかりに指先の、爪は離《はな》れてこのように。（泣き出す赤ん坊をあやしながら）かほど邪険《じゃけん》な伊右衛門様の胤《たね》とは言えど、わしゃ不憫《ふびん》でならないの……。

（花道から、今一度、伊右衛門が現れ、宅悦とともに舞台の方へとやって来る。）

宅悦　もしもし旦那《だんな》、これはあんまりお情けない。そういたしたら、お岩様と私と、悪い浮名《うきな》が。

伊右衛門　その浮名《うきな》を立たさせるのが俺が仕事だ。実はな、今晩……（ささやく）。

宅悦　ええ、それならあなたは、今宵《こよい》、あの内祝《ないしゅう》言《げん》を。

伊右衛門　これ、口外《こうがい》するな。それ、手を出せ（と包《つつ》み金《きん》を与える）。

宅悦　この金を下されて、あの……、私に。

伊右衛門　やり損《そこ》なうと、（刀の柄《つか》へ手を掛けて脅《おど》しながら）これだぞ（花道を去っていく）。

宅悦　（ブルブルと震《ふる》えながら）ああ、飲み込《こ》みました。……弱ったな。金は欲しいが、とんだことを頼まれちまった。（門口から入り）お岩様、お岩様、只今《ただいま》、戻《もど》りました。

お岩　おお、戻ってか。そなたのあとへ伊右衛門殿が戻られて、金の要《い》ることがあると言うて、吊《つ》った蚊帳まで取り上げて……。

宅悦　ひどうございますな。それに、見ればお前様は大分薄着《だいぶうすぎ》で。

お岩　冷《ひ》えては悪いという病気、それを貸せとてこのように。

宅悦　それで剝《は》いでござったか。何というむごいことをなさるお方だ。あなた様もいかいご苦労なさる。その苦労をなさるより、いっそ亭主を持ちかえる工面《くめん》をなさる方《ほう》が……。（お岩の側《そば》へ寄り、その手を取り）

お前の指から血がこぼれまするが、やれやれお愛《いと》しいことじゃ。
お岩　蚊帳をやるまいと、引き合うはずみに爪をはがしたわいの。
宅悦　それはまあ、さぞ痛みましょう。さあさあ拭《ふ》いて上げましょう。（懐《ふところ》から紙を取り出し、それで指を巻きながら、手を取って）こりゃあお前の手には、悪い筋《すじ》がござります。一体これこれ、この筋は、女は貞女《ていじょ》で苦労の絶《た》えませぬ筋。そこでこの筋を切るがようございます。なに、切ると言ってもその男の縁《えん》を切ることでございます。
お岩　これはしたり。これ、その方は、まあ、武士の女房にそのような淫《みだ》らなことをなさると許《ゆる》しませぬぞ。
宅悦　もし、あなた様ばかりがそのように真実《しんじつ》をお尽くしなされましても、あの伊右衛門様はとうに心が変わっております。それを知らずに貞女を立てると、あとで難儀《なんぎ》をなさいますぞ。それよりお前様、いっそのこと、私と……。
お岩　（腹を立て）まだ言いやるか。そなた、何と言いましたかいな。貞女を立てて難儀をしようより、その方と私と……。何のためにそのようなことを言いました。それならそなた、わが身に不義《ふぎ》言いやるか。女でこそあれ、武士の娘、侍《さむらい》の妻とも言わるるこの岩が、品《しな》によってはこの分《ぶん》では許《ゆる》さぬ（脇差《わきざし》を手にして、それを抜いて宅悦に向かっていく）。
宅悦　（驚いて）これはしたり。何をなされます。危《あぶ》のうござります。
お岩　（手をつかまれたので）ええ、放しおれ、放しおれ。

（二人が争《あらそ》っているうちに、脇差が飛んで行き、上手《かみて》の柱に突《つ》き刺《さ》さる。）

宅悦　い、今のは嘘《うそ》でございます。今のは、みんな嘘でございます。あなた様の貞女を見ましょうと思いましてのこと。ありようが今までとはすっかり変わっております。ふた目と見られぬそのまあお顔。それが気の毒千万でございます。

お岩　何じゃ、わしの顔がさっきのように、熱気とともににわかの痛み。もしやあのとき……。

宅悦　あなたは何にもご存じないが、喜兵衛殿から届いた血の道の薬は、ありゃみんな嘘。人の顔を変える毒薬《どくやく》。それを上がったお前の顔は、世にも醜《みにく》い悪女《あくじょ》の面《つら》。それをあなたはご存じない。私がこう申すことが疑《うたが》わしくば、論《ろん》より証拠《しょうこ》。これこれ、この（鏡《かがみ》を持って来て）、これでとっくりご覧《ろう》じなされませ。

お岩　（宅悦が鏡を押し付けてくるので、自分の顔を恐々《こわごわ》と見て）あれ！　びっくりするわいな。誰ぞ後ろに。（改めて自分の顔を見て）やや、着類《きるい》の色合《いろあ》い、頭《つむり》の様子《ようす》。ああ、こりゃはんまにわしの面《つら》か。まあ、いつの間にわしの顔がこのような悪女《あくじょ》の面《つら》になって、まあこりゃ、わしかいの、わしかいの。ほんまに私の顔かいのう。こりゃまあ、どうしょう、どうしょう。どうしたらよかろうかいなあ（大泣《おおな》きをする）。

宅悦　（お岩の背中を撫《な》で）ささ、ごもっともでござります。それは他に作者《さくしゃ》がございます。よくお聞き下さりませ。すなわち隣家《りんか》の伊藤様。孫のお梅様に伊右衛門様を貰《もら》いたいにも女房持ち。さすが向こうは金持ちでも、ちっとはお前に義理もあり、思いついたがさっきの薬。血の道の薬と偽《いつわ》って、お前に飲ませて顔を変え、亭主《ていしゅ》に愛想《あいそ》を尽《つ》かさす魂胆《こんたん》。そうとは知らず、うかうかと、一杯《いっぱい》参ったお岩様。まことにあなたがお気の毒でございます。

お岩　（自分の顔をジッと見つめて）そうとは知らず隣家の伊藤。わしが所へ心づけ、日ごとに贈《おく》る親切《しんせつ》を、かたじけないと思うから、乳母《うば》や婢女《はした》へ最前《さいぜん》も、この身を果たす毒薬に、両手をついての一礼は、今に思えば恥《は》ずかしい、さぞや笑わん、悔《くや》しいの。

宅悦　まだまだそんなことじゃござりませぬ。愛想を尽かして伊藤の聟《むこ》様、あなたと手を切るそのために、どうぞお前はお岩様と、不義《ふぎ》をいたせとお頼《たの》みを、嫌《いや》と申せばすっぱ抜《ぬ》く、よんどころなく今の戯《たわむ》れ。お前様の着類《きるい》をば、そのように剝《む》いてござったも、実は今宵《こよい》が内祝言《ないしゅうげん》。聟の支度《したく》の入れ替《か》えに、持ってござったこなたの代物《しろもの》。今夜、嫁をこのうちへ、連《つ》れて来るにもお前が邪魔《じゃま》。そこで私に頼んだ間男《まおとこ》。一部《いちぶ》始終《しじゅう》はこの通り。なんぼ頼まれたことじゃというて、そのお顔では、どうして色《いろ》に。ごめんだごめんだ。

お岩　もうこの上は、気を揉《も》み死に。息あるうちに伊藤殿へ、この礼言わいでおくべきか（よろめきながら門口《かどぐち》へ行こうとする）。

宅悦　（お岩を留《とど》めて）そのお姿でござっては、人が見たなら狂人《きちがい》か、形《なり》もそぼろなその上に、すでに変わりし、そのお顔。

お岩　髪《かみ》もおどろなこの姿。せめて女子《おなご》の身だしなみ。鉄漿《かね》なとつけて、髪も梳《す》き上げ、伊藤親子に言葉の礼を。これ宅悦殿、お歯黒《はぐろ》の道具を揃《そろ》えてここへ。

宅悦　やや、産婦《さんぷ》のあなたが鉄漿《かね》をつけては。

お岩　大事ない、ささ、早う。

宅悦　すりゃ、どうあっても。

お岩　ええ、持ってこいと言うに。
宅悦　へえい（鉄漿の道具を運んでくる）。
お岩　（鉄漿を丁寧《ていねい》につけ、先程の櫛《くし》を見て）母の形見《かたみ》のこの櫛も、わしが死んだらどうぞ妹へ。さはさりながらお形見で、せめて櫛の歯を通し、もつれし髪を、おおそうじゃ。（櫛で髪を梳き、髪を後ろへ下げると髪の毛が多く抜《ぬ》け落ち、生《は》え際《ぎわ》が薄《うす》く抜《ぬ》け上がる。それを一つに寄せ、櫛とともに手に持ち）今をも知れぬこの岩が、死ねばまさしくあの娘と、祝言《しゅうげん》するはこれ眼前《がんぜん》。ただ恨《うら》めしいは伊右衛門殿。伊藤一家《いとういっか》の者どもも、なに安穏《あんのん》におくべきか。思えば思えば、恨《うら》めしい（手に持った抜け毛の中からは血が滴《したた》れ落ちる。お岩が倒れるのと同時に、白地《しろじ》の衝立《ついたて》にその血がかかる）。
宅悦　やや、落ち毛から滴る生血《なまち》は、
お岩　（ヨロヨロとしながら）一念通《いちねんとお》さでおくべきか。
宅悦　（駆《か》け寄りながら）これ、お岩様、もしもし、お待ちなされませ。
（ヨロヨロとしたお岩は上手《かみて》の部屋の方へ転《ころ》げる。そのはずみで先程の柱に突《つ》き刺《さ》さった白刃《はくじん》が、お岩の喉《のど》を突《つ》き通し、お岩は倒《たお》れ込《こ》んでいく。）
宅悦　やあ、やあ、やあ。小平《こへい》めの白刃で、思わずとどめもこりゃ同然《どうぜん》。やあ、やあ、やあ、大変大変。
（赤ん坊を抱《だ》きながらうろたえていると、猫《ねこ》が一匹出て来て、宅悦を見つめる）この畜生《ちくしょう》め、死人に猫は禁物《きんもつ》だ。しい、しい、しい！
（猫を追い回すと逃《に》げていく。すると障子《しょうじ》に血がかかり、大きな鼠《ねずみ》が猫をくわえて走って出て来る。猫が畳《たたみ》の上へ落ちると、鼠が一つの心火《しんか》となって消えてしまう。）

宅悦　まことに大変、大変。こりゃこの家には居られぬわ。

（宅悦が家を飛び出して逃げ出すと、揚幕《あげまく》より着物を着替えた伊右衛門が裃《かみしも》を着て登場《とうじょう》。花道で宅悦とすれ違《ちが》う。）

伊右衛門　どうした。して、お岩を連《つ》れて逃《に》げたか。首尾《しゅび》はよいか。

宅悦　それどころじゃ、ござりませぬ。お岩様も大変。大きな鼠が、猫も……。いや、大変大変、あのま あ、鼠が、鼠が……（と言って逃げる）。

伊右衛門　なんだあいつは。鼠、鼠と。あとも言わずに逃げうせたが、それにしてもお岩を引き出すその相手は、誰《だれ》にしような……。おお、あるぞあるぞ。あの中間《ちゅうげん》の小平《こへい》めを間男《まおとこ》にして、彼奴《きゃつ》ら二人《ふたり》を叩《たた》き出し、いずれ今夜中にお梅をここへ。（家の中へ入り）お岩、お岩、どこに居る。お岩、お岩。（赤ん坊が泣き出すのでびっくりして）こりゃあどうだ。すんでのことに踏《ふ》み殺そうとした。お岩、お岩。（大きな鼠が出て来て、赤ん坊をくわえていこうとするので）やあ、こりゃあ鼠がこのガキを。ええ、とんだ畜生《ちくしょう》だ。しい、しい。うぬがガキを、鼠が引くも知らないか。これ、お岩、お岩。（赤ん坊を抱《かか》えて、お岩の死骸《しがい》を見つける）ややややや、こりゃあお岩が死骸、喉《のど》に立ったは小平《こへい》めが赤鰯《あかいわし》。そんならあいつが殺したか。それにしても、あの押入《おしい》れの。（押入れを開け、縛《しば》られた小平を引きずり出す）こいつが縄目《なわめ》はやはりそのまま。そんならよもやお岩をば。……こいつを相手に（小平の縄を解く）。

小平　（せき込みながら涙交《なみだま》じりに伊右衛門にすがりつき）旦那《だんな》様、お前様はなあ。

伊右衛門　なんだこいつは、俺がどうした。
小平　両手も口も叶《かな》わねば、お岩様をこのように気を揉《も》み死にに殺したも、みんなお前のさっしゃる業《わざ》。これ、何もかもあの按摩《あんま》が隣の喜兵衛様と言い合わせたる一部始終《いちぶしじゅう》。お前様は見下げ果てたお人だのう。
伊右衛門　やかましいわえ、駄折助《だおりすけ》め。お岩が死んだも、てめえが刃《やいば》。そんなら主《あるじ》の女房を、うぬ、殺したな。
小平　ええ、滅相《めっそう》なことおっしゃりませ。たった今まで両手も口も結《ゆ》えられ、どうしてさような。
伊右衛門　それでもそれぞれ、両手がその通り自由に動くわ。そんならお岩はてめえが殺した。
小平　そうおっしゃりますなら、お岩様を殺したは、わしが科《とが》になって人殺しの罪《つみ》も負《お》いましょうが、その代わりには旦那様、どうぞ盗《ぬす》んで走りました唐薬《とうやく》のソウキセイ、あのお薬を私に下さりませ。
伊右衛門　べらぼうめ。あの薬なら、さっき質屋《しちや》へやらかして、ここにはないわ。
小平　そんなら薬はあの質屋に。（門口《かどぐち》へ駆け出そうとすると、伊右衛門が後ろから斬《き》りかかる。倒《たお》れながらもその手にすがりつき）こりゃお前、何科《なにとが》あって騙《だま》し討《う》ち……。
伊右衛門　知れたこと。お岩が敵《かたき》だ。ことに隣家の企《たくら》みの様子、聞いたとあればなおさらに、生けておかれぬ小仏小平《こぼとけこへい》。
小平　（さらに斬りつけられながら苦しみながらも、伊右衛門にすがりつき）わずか一夜の雇《やと》いでも、仮《かり》の主《しゅ》ゆえ、手出しをすれば……、
伊右衛門　主に刃向《はむ》かう道理だわ。それだによってなぶり殺し、お岩が敵《かたき》だ。くたばれ、くたばれ。

（花道より、秋山長兵衛らがやって来て、伊右衛門が斬《き》りつけている様子《ようす》を見て驚《おどろ》く。）
長兵衛　こりゃ小平めを、伊右衛門殿。
伊右衛門　何かを聞いたこの小者《こもの》、ことに死んだるお岩と不義《ふぎ》を。世間《せけん》へ見せしめ、二人の死骸《しがい》は戸板へ打ちつけ、姿見《すがたみ》の、川からどんぶり、すぐに水葬《すいそう》。
長兵衛　そんなら、これなる。
（押入《おしい》れの戸板《といた》を外《はず》して、小平の死骸《しがい》をそこへ打ちつけようとする。すると小平の指が蛇《へび》の形になってうごめく。）
長兵衛《ちょうべい》　（驚《おどろ》いて）あれあれ、両手の指が、
官蔵《かんぞう》　どうやら蛇に。
伊右衛門　何をたわけた。
伴助《ともすけ》　（走って家の中へ入って来る）伊右衛門様、伊右衛門様、喜兵衛様から花嫁御《はなよめご》が、只今《ただいま》これへご一緒《いっしょ》に。
伊右衛門　それは早急《さっきゅう》。しからば二人の死骸は奥《おく》へ。
長兵衛　心得《こころえ》ました。
伴助　やあ、小平が死骸にお岩様、そんなら二人は、
伊右衛門　間男心中《まおとこしんじゅう》。二人を戸板《といた》ですぐにどんぶり、仕事は奥で、
長兵衛と伴助　飲み込《こ》みました。

伊右衛門　見られまいぞ。
長兵衛は小平の死骸を杉戸《すぎど》に載《の》せて、伴助はお岩の死骸を抱《だ》きかかえて奥へと入っていく。

この間

喜兵衛が孫娘のお梅を連《つ》れて、伊右衛門の家へとやって来ます。伊右衛門は喜兵衛に、お岩は赤ん坊を置いて出て行ったと告げ、お梅と伊右衛門は結ばれます。

伊右衛門　さてこれからは新枕《にいまくら》。嫁御《よめご》の顔を拝見いたそう。（奥の間に入り）お梅殿、そのように恥ずかしがらずと、その美しい顔を上げ、こちの人、わが夫《つま》かいのと、言うて下され。
（伊右衛門が寄り添うと、お梅が顔を上げる。ところがその顔は恐《おそ》ろしい顔をしたお岩。）
お梅　（恨《うら》めし気《げ》に伊右衛門を見つめ、しわがれた声で）あい、こちの人、わが夫《つま》、かならずともに末長《すえなご》う。
（お梅が守《まも》り袋《ぶくろ》を伊右衛門に差し出すので、驚《おどろ》いた伊右衛門は側《そば》に置いてある刀を取り、その首を斬《き》る。すると前の縁《ふち》へ転《ころ》がった首はお梅のもの。その首へ沢山《たくさん》の鼠《ねずみ》が群《むら》がる。）
伊右衛門　やや、やや、お岩めと思いのほか、やっぱりお梅だ。こりゃ早まって。
（伊右衛門が刀を下げたまま下手《しもて》へやって来ると、そこでは喜兵衛が赤ん坊を抱《だ》いて寝ている。）
伊右衛門　これ、舅殿《しゅうとどの》、舅殿、珍事《ちんじ》がござる。あの、間違《まちが》いで。

(喜兵衛を起こすと、今度はその顔は小平のもの。)

小平　(赤ん坊を食《く》い殺したような表情で、口は血だらけで伊右衛門を見つめながら)旦那様、薬を下され。

伊右衛門　やあ、わりゃあ小平め。小児《しょうに》を!

(伊右衛門は先程を同じように小平の首を討ち落とすと、それは喜兵衛の首で、その首へ蛇《へび》が出て来てまといつく。)

伊右衛門　(それを見て驚き)ややややや、斬《き》ったる首は、やっぱり舅。さては死霊《しりょう》の仕業《しわざ》よな。かかる崇《たた》りにうかうかここには、

(伊右衛門は門口《かどぐち》へ駆《か》け出し、戸を開《あ》けて逃《に》げようとするが、戸は自然に閉《し》まってしまう。後ろへ退《しりぞ》くと、火の玉が飛《と》び交《か》うので、それを見た伊右衛門が驚く。)

伊右衛門　はて、恐《おそ》ろしき執念《しゅうねん》じゃなあ。

この後の展開

深川《ふかがわ》の三角屋敷《さんかくやしき》の門前《もんぜん》に住む、お岩の妹お袖《そで》と夫の直助《なおすけ》のところへ、直助によって殺された与茂七《よもしち》が現れます。昔と今の夫の板挟《いたばさ》みになったお袖は、二人の手にかかって死に、直助は自害《じがい》します。

伊右衛門は母親の手引きで蛇山《へびやま》の庵室《あんしつ》に逃《のが》れますが、そこでもお岩の亡霊《ぼうれい》に取りつかれ、悪事《あくじ》を尽《つ》くした伊右衛門も与茂七らによって斬《き》られ、お岩の怨念《おんねん》が晴れることになります。

【作品の背景】

文政八年（一八二五）に江戸の中村座で初演《しょえん》された、四世鶴屋南北《つるやなんぼく》（宝暦《ほうれき》五年（一七五五）〜文政《ぶんせい》十二（一八二九））による作です。

江戸の初期から中期にかけて、実際に四谷で起きた事件をもとに、登場人物《とうじょうじんぶつ》の民谷伊右衛門《たみやいえもん》を元々塩冶《えんや》家《け》に仕《つか》えていた武士。伊右衛門の妻お岩の父四谷左門《よつやさもん》も元は塩冶家の家臣《かしん》。さらに伊右衛門に自分の孫娘を嫁《とつ》がせようとする伊藤喜兵衛《いとうきへい》は塩冶家と対立する高家《こうけ》の家臣といったように、『仮名手本忠臣蔵《かなでほんちゅうしんぐら》』の外伝《がいでん》という体裁《ていさい》で書かれた作品です。

ここでは長いストーリーの中から二幕目を取り上げましたが、この後、歌舞伎の舞台では、お岩と小平《こへい》の死体を裏表《うらおもて》に釘付《くぎづ》けした一枚の戸板《といた》が反転《はんてん》するところを見て伊右衛門が驚《おどろ》く「戸板返《といたがえ》し」や、大詰《おおづめ》の蛇山《へびやま》の庵室《あんしつ》で、伊右衛門が沢山《たくさん》の鼠《ねずみ》と怨霊《おんりょう》に苦《くる》しめられる場面が有名です。また、最後の「はて、恐《おそ》ろしき執《しゅう》念《ねん》じゃなあ」というセリフは、怪談物や怪談話の最後の場面で用いられる常套句《じょうとうく》（決まり文句）です。

当時の町人の生態《せいたい》を描《えが》いた現代劇である「世話物《せわもの》」の中でも、写実的《しゃじつてき》な演出《えんしゅつ》や演技《えんぎ》が濃《こ》い「生世話物《きぜわもの》」の代表作で、現在でも夏場になるとかかる芝居《しばい》で、中村勘九郎《なかむらかんくろう》や松本幸四郎《まつもとこうしろう》といった若手をはじめ、多くの歌舞伎俳優が演じています。

講釈の世界では、怪談物の第一人者である一龍斎貞水《いちりゅうさいていすい》が、照明《しょうめい》などを駆使《くし》して『四谷怪談』の世界を立体的に見せて演じています。

知っておきたい用語集

産後の肥立《ひだ》ち　出産後、産前と同じような状態に戻るまでの時期を産褥期《さんじょくき》といい、産褥期が通常どおりでない場合を「産後の肥立ちが悪い」という。

新造《しんぞ》　武家《ぶけ》の妻女《さいじょ》。

一倍《いちばい》　他と比較して数量や程度が大きいこと。いっそう。ひとしお。

小袖《こそで》　現在の和服《わふく》のもととなった、袖口《そでぐち》の小さく縫《ぬ》い詰《つ》まっている衣服。

小裁《こだち》　三、四歳くらいまでの子どもの着物などの裁《た》ち方。また、その和服《わふく》。

後家《ごけ》　夫に死別した女性。

血の道　女性が思春期や生理時、出産時、更年期《こうねんき》などに訴《うった》える、めまい・のぼせ・発汗《はっかん》・肩こり・頭痛・疲労感などの諸症状《しょしょうじょう》をいう語。血の病《やまい》。

轂《ごく》つぶし　定職《ていしょく》もなくぶらぶらと遊び暮《く》らす者。無為徒食《むいとしょく》の者をののしっていう語。

針《はり》の筵《むしろ》　一時《いっとき》も心の休まらない、つらい場所や境遇《きょうぐう》のたとえ。

三光《さんこう》　キラキラ輝《かがや》く見事なもののたとえ。蒔絵師《まきえし》三光斎《さんこうさい》の細工物《さいくもの》。蒔絵は漆《うるし》の上に金粉や銀粉などで図柄《ずがら》を描《えが》いた工芸品。

菊重《きくがさ》ね　秋に着用する女房《にょうぼう》の重ねの袿《うちき》（中着《なかぎ》のこと）の配色《はいしょく》の一つ。

これはしたり　意外《いがい》なことに驚《おどろ》いたり、失敗に気づいたりしたときに発する言葉。これは驚いた。しまった。

相好《そうごう》　顔かたち。顔つき。表情。

質草《しちぐさ》　質に入れる品物。抵当《ていとう》（借金のかた）として質におく品物。

浮名《うきな》　男女間の情事のうわさ。

胤《たね》　血筋《ちすじ》や血筋を受けた子孫《しそん》。いん。

夜一夜《よひとよ》　一晩中。

内祝言《ないしゅうげん》　内輪《うちわ》の祝言。家族や親しい知人だけですませる祝言。

包《つつ》み金《きん》　祝いやお礼などとして、紙に包んで渡《わた》す金銭。つつみがね。

いかい　程度がはなはだしい。大層《たいそう》である。大きい。多い。

品によっては

↓品による　事情による。事による。場合による。

婢女《はした》

↓婢女《ひじょ》　召使《めしつかい》の女。下女《げじょ》。婢子。

鉄漿《かね》　歯を黒く染《そ》める習俗《しゅうぞく》で、お歯黒《はぐろ》ともいう。鉄くずを焼いて濃《こ》い茶に浸《ひた》し、酒などを加えて発酵《はっこう》させた液で染める。古くは女性の慣習《かんしゅう》であったが、中世には上層《じょうそう》の武士の間で一般化した。江戸時代以降は女性の身だしなみとなった。

心火《しんか》　燃え上がる火のように激《はげ》しい心の動き。怒《いか》り、憎《にく》しみ、嫉妬《しっと》などの感情の激しい様《さま》を火にたとえていう語。また、墓《はか》や幽霊《ゆうれい》などのまわりに飛びかうとされる不気味《ぶきみ》な火や死者の魂《たましい》がさまようといわれる怪《あや》しい火。

中間《ちゅうげん》　武士に仕《つか》えて雑務《ざつむ》を担《にな》った者の呼称《こしょう》。

赤鰯《あかいわし》　赤く錆《さ》びた鈍刀《なまくらがたな》をあざけっていう語。

駄折助《だおりすけ》　「折助《おりすけ》」は、武家の中間《ちゅうげん》、小者《こもの》の異称《いしょう》で、その折助を憎《にく》んだり、卑《いや》しめていう語。

ソウキセイ

↓桑寄生《そうきせい》　桑《くわ》に生じる茸《きのこ》状のもの。利尿《りにょう》の薬種《やくだね》となる。

姿見《すがたみ》　全身を写《うつ》して見ることができる大形の鏡。

守袋《まもりぶくろ》　守り札《ふだ》を入れて、いつも身につけておく小型の袋。護符《ごふ》を入れる袋。まもり。

庵室《あんしつ》　木でつくり屋根を草で葺《ふ》いた、小さな仮の家。

主な参考文献

『日本浪曲大全集』（テイチク）
『定本講談全集』（講談社）
『圓生全集』（青蛙房）
『円朝全集』（岩波書店）
『三遊亭圓朝全集』（角川書店）
『講談全集』（大日本雄辯會講談社）
『古典・新作 落語事典』瀧口雅仁（丸善出版）

編集協力者

瀧口理恵
神谷桜子
枡居　奏

さくいん

あ行

合薬《あいぐすり》 45
赤鰯《あかいわし》 162
赤泊《あかどまり》 58
秋葉神社《あきばじんじゃ》 20
明六ツ《あけむ》 103
浅黄《あさぎ》 45
あしびき →あしびきの
あしびきの 45
跡目《あとめ》 36
甘口《あまくち》 89
あみだ →阿弥陀被《あみだかぶ》り
阿弥陀被《あみだかぶ》り 22
荒物屋《あらものや》 121
有馬様《ありまさま》の火《ひ》の見櫓《みやぐら》 103
庵室《あんしつ》 162
行灯《あんどん》 121，139

居合抜《いあいぬ》き 21
いかい 162
潮来《いたこ》 35
一倍《いちばい》 161
一宿一飯《いっしゅくいっぱん》 21
一本独鈷《いっぽんどっこ》 22
入山形《いりやまがた》に二つ星 87
岩見重太郎《いわみじゅうたろう》 104
因果《いんが》 58，122
因縁《いんねん》 46

上田《うえだ》 104
浮名《うきな》 161
浮世《うきよ》 139
牛込《うしごめ》 139
後《うし》ろ指《ゆび》 45
後《うし》ろ指《ゆび》を指《さ》され →後ろ指
打掛《うちかけ》 88
雨宝陀羅尼経《うほうだらにきょう》 139
午《うま》の日《ひ》 22
裏《うら》を返《かえ》す 88

お足《あし》 139
花魁《おいらん》 87
お裏《うら》 →裏《うら》を返《かえ》す
大坂七手組《おおさかしちてぐみ》 104
大入道《おおにゅうどう》 103
おけさ節《ぶし》 58
伯父御《おじご》 36
お玉が池 88
男冥利《おとこみょうり》に尽《つ》きる 139
お初《はつ》 →初物《はつもの》
親の代からの因縁《いんねん》 121
及《およ》ばぬ鯉《こい》の滝登《たきのぼ》り 87
及ばぬ恋《こい》の滝登り →及ばぬ鯉の滝登り
女冥利《おんなみょうり》に尽《つ》きる 89

か行

改易《かいえき》 121
海音如来《かいおんにょらい》 138
海棠《かいどう》 58
角塔婆《かくとうば》 138
囲《かこ》い者《もの》 88
貸元《かしもと》 21
火術《かじゅつ》 104
柏崎《かしわざき》 58
家督《かとく》を継《つ》ぐ 137
鉄漿《かね》 162
紙子《かみこ》 46
禿《かむろ》 87
蚊帳《かや》 139
ガリガリ亡者《もうじゃ》 →我利我利亡者
我利我利亡者《がりがりもうじゃ》 21
臥龍梅《がりょうばい》 137
迦陵塔《かろうとう》 104
川越人足《かわごえにんそく》 103
願掛《がんか》け 45
観世縒《かんぜより》 139
関八州《かんはっしゅう》 36

祇園《ぎおん》 22
帰還船《きかんせん》 →引揚船《ひきあげせん》
菊重《きくがさ》ね 161
刻《きざ》み煙草《たばこ》 121
紀州三度《きしゅうさんど》の金飛脚《かねびきゃく》 104
木で鼻をくくる 88
踵返《きびすかえ》して →踵を返す
踵《きびす》を返《かえ》す 46
脚絆《きゃはん》 22
侠客《きょうかく》 21
行水《ぎょうずい》 139
侠名《きょうめい》 36
経文《きょうもん》 138
義理《ぎり》を渡《わた》す 36
金無垢《きんむく》 139

水鶏《くいな》 35
水鶏鳥《くいなどり》 →水鶏
櫛巻《くしま》き 89
口は禍《わざわい》の門《かど》、舌は禍の根
→舌は禍の根
国定忠治《くにさだちゅうじ》 36
栗橋宿《くりはしじゅく》 139

傾城《けいせい》 87
傾城傾国《けいせいけいこく》 87
袈裟《けさ》 103
下足《げそく》の札《ふだ》 21
解脱《げだつ》 138
眷属《けんぞく》 35
元和《げんな》 104
原爆《げんばく》の惨状《さんじょう》 45

恋《こい》は思案《しあん》の外《ほか》 88
恋は思案の帆掛《ほか》け船《ぶね》 →恋は思案の外
恋煩《こいわずら》い 137
高坂甚内《こうさかじんない》 104
高祖《こうそ》 58
香花《こうばな》 122
紺屋《こうや》 87
穀《ごく》つぶし 161
獄門《ごくもん》 122
後家《ごけ》 161
こけおどかし →こけおどし
こけおどし 104
九《ここの》ツ 103, 139
鐺《こじり》 22
ご新造《しんぞう》 88
小袖《こそで》 161
小裁《こだち》 161

金刀比羅宮《ことひらぐう》　20
小半合酒《こなからざけ》　89
小町娘《こまちむすめ》　121
護摩《ごま》の灰　103
蒙御免《ごめんこうむる》　→御免を蒙る
御免《ごめん》を蒙《こうむ》る　103
暦《こよみ》なんぞがいるものか　89
これはしたり　161
金毘羅様《こんぴらさま》　→金刀比羅宮《ことひらぐう》

さ行

先手《さきて》　21
鷺《さぎ》も烏《からす》も笑わない　→鷺を烏
鷺《さぎ》を烏《からす》　36
下《さ》げ緒《お》　22
笹川《ささがわ》　35
差し込《こ》み　45
ざっくばらん　21
佐渡島《さどがしま》　58
里言葉《さとことば》　89
讃岐《さぬき》　→讃岐国
讃岐国《さぬきのくに》　20
去る者日々に疎《うと》し　88
三光《さんこう》　161
産後《さんご》の肥立《ひだ》ち　161
三崎《さんさき》　138
三十石《さんじっこく》　→三十石船
三十石船《さんじっこくぶね》　20
三道楽《さんどうらく》　58

自害《じがい》　122
時化《しけ》　58
しじま　139
四十九日《しじゅうくにち》　122
四寸二分《しすんにぶ》　138
死相《しそう》　138
舌は禍《わざわい》の根　21
下谷大門町《したやだいもんちょう》　121
質草《しちぐさ》　161
七字《しちじ》の題目《だいもく》　59
品《しな》によっては　→品による
品《しな》による　162
死に水だけは取っておくれ
　→死に水を取る
死に水を取る　122
四《し》の五《ご》の　104
東雲《しののめ》　88
シベリア　74
シベリア抑留《よくりゅう》　74
絞《しぼ》り　→絞り染《ぞめ》
絞《しぼ》り染《ぞめ》　139
癪《しゃく》　45
十丈《じゅうじょう》　45
出征《しゅっせい》　74
首尾《しゅび》　104
笙《しょう》　58
丈《じょう》　45
上州《じょうしゅう》　36
悄然《しょうぜん》　74
浄土《じょうど》　46
上等兵《じょうとうへい》　74
上人《しょうにん》　59
『商売往来《しょうばいおうらい》』　35
成仏《じょうぶつ》　138
書見《しょけん》　137
女郎《じょろう》　87
素面《しらふ》　22
印半纏《しるしばんてん》　103
心火《しんか》　162
新造《しんぞう》　87, 161
新幡随院《しんばんずいいん》　138
神武《じんむ》この方《かた》　22

た行

な行

は行

ま行

や行

ら行

わ行

瀧口雅仁（たきぐち・まさひと）
1971年東京生まれ。演芸評論家。現在，恵泉女学園大学，和光大学講師。おもな著書に『古典・新作 落語事典』（丸善出版），『噺家根問』『落語の達人』『演説歌とフォークソング』（彩流社），『平成落語論』（講談社），『落語を観るならこのDVD』（ポット出版），編著に『八代目正蔵戦中記』（青蛙房）などがある。また CD「現役落語家名演集」（ポニーキャニオン）の監修・解説も担当している。東京都墨田区向島（江戸落語中興の相・烏亭焉馬により「咄の会」が開かれた地）に開設した寄席「墨亭」の席亭を務める。

知っておきたい日本の古典芸能
浪曲・怪談

令和元年10月20日　発　　行
令和 2 年 5 月15日　第2刷発行

編著者　瀧　口　雅　仁

発行者　池　田　和　博

発行所　丸善出版株式会社
〒101-0051 東京都千代田区神田神保町二丁目17番
編集：電話(03)3512-3261／FAX(03)3512-3272
営業：電話(03)3512-3256／FAX(03)3512-3270
https://www.maruzen-publishing.co.jp

組版印刷・藤原印刷株式会社／製本・株式会社 星共社

ISBN 978-4-621-30439-6 C 0376　　Printed in Japan